学校美育文化生态的构建与实践

深圳安乐小学"七彩舞台"活动课程的校本探索

赖香恒 ◎ 著

·广州·

版权所有　翻印必究

图书在版编目（CIP）数据

学校美育文化生态的构建与实践：深圳安乐小学"七彩舞台"活动课程的校本探索/赖香恒著. —广州：中山大学出版社，2024.6

ISBN 978-7-306-08101-8

Ⅰ.①学… Ⅱ.①赖… Ⅲ.①美育—课程建设—研究—小学 Ⅳ.①G623.702

中国国家版本馆 CIP 数据核字（2024）第098285号

XUEXIAO MEIYU WENHUA SHENGTAI DE GOUJIAN YU SHIJIAN

出 版 人：王天琪
策划编辑：张　蕊
责任编辑：周明恩
封面设计：林绵华
责任校对：高津君
责任技编：靳晓虹

出版发行：中山大学出版社
电　　话：编辑部 020-84110283，84113349，84111997，84110779，84110776
　　　　　发行部 020-84111998，84111981，84111160
地　　址：广州市新港西路135号
邮　　编：510275　　　传　真：020-84036565
网　　址：http://www.zsup.com.cn　　E-mail:zdcbs@mail.sysu.edu.cn
印　刷　者：广东虎彩云印刷有限公司
规　　格：787mm×1092mm　1/16　13.5印张　270千字
版次印次：2024年6月第1版　2024年6月第1次印刷
定　　价：50.00元

如发现本书因印装质量影响阅读，请与出版社发行部联系调换

序

美育重在让学生通过体验和探究发现意义，拓展学生的感知边界，让学生学会以审美的视角与世界互动。美育与教育的融合可以追溯到孔子提出的"志于道，据于德，依于仁，游于艺"和"兴于诗，立于礼，成于乐"的教育主张，"游于艺""兴于诗""成于乐"都是孔子美育思想的体现。柏拉图认为艺术非常重要，好的艺术能够净化人的心灵；亚里士多德认为美育能够通过理性调节驾驭人的感性情欲。到了18世纪，德国诗人席勒在《审美教育书简》中首次提出美育这一概念，主张通过心灵的审美心境来沟通人的自然本性和抽象思维，让感性和理性达到和谐统一，从而恢复人性的全面综合发展。当下语境中的美育，实则有两层含义，一是作为学校美术、音乐、舞蹈、影视、戏剧教育的狭义的美育，二是作为教育媒介的美育，前者是学科教学，主要集中在艺术发展过程中的艺术创作、艺术史、艺术批评和美学等，后者是将艺术教育作为学科教育的点缀，贯穿其他学科的学习中，为学生的学习提供多通道的感知，鼓励学生关注所学每门学科"美感"的情境。

深圳市安乐小学校长赖香恒敏锐地捕捉到美育对学生全面发展的作用，经过十余年的探索性研究，逐步形成了"以美育人"的教育理念，构建了学校美育的完整生态体系。在安乐小学，"七彩舞台"活动课程几经优化，已是一个较为成熟的课程体系。"七彩舞台"活动课程正是完整地阐释了美育的浸润功能，"每班一台戏"作为"七彩舞台"的活动载体，让学生经历从策划、编导、活动组织到舞台表演的每一个环节。在台下，每个人都要为这台戏的策划组织出谋出力，是台下的角色；在台上，每个孩子又都是舞台上的演员，是台上的角色。当每个学生都拥有了自己台上台下的角色时，全体老师、家长联接在一起，为了支持学生演好一台戏、每一个角色，大家都在全情地投入，"七彩舞台"就真正做到了"美美与共"，也实现了"人人参与"，达到了"人人出彩"的目的。赖香恒校长的七彩舞台美育活动课程为落实新时代学校美育工作提供了一份相当精彩的案例，值得同行学习推广。在教育的舞台上，我们一直需要这样脚踏实地又独具慧眼、具有创新精神的耕耘者。

是为序。

2024 年 5 月 22 日

（宋乃庆，西南大学教授、博导。教育部西南基础教育课程研究中心主任，国家级教学名师，当代教育名家，西南大学原常务副校长，原西南师范大学校长）

自 序

> 七彩舞台真精彩，
> 小小的我们是导演。
> 唱起歌来跳起舞，
> 策划编排我做主。
> 学校学校舞台大，
> 锻炼你我，还有他，
> 快乐伴随我成长。

  这是深圳市宝安区安乐小学"七彩舞台"美育活动的顺口溜，这段顺口溜全面地呈现了"七彩舞台"美育活动课程的实施状态[①]。
  长期以来，美育被多数人认为等同于艺术教育，这是狭义地理解了美育在学校教育中的意义。席勒认为，"美育"旨在强调如何发挥美在育人中的功能；蔡元培提出"以美育代宗教说"将美育放在了一个重要的位置；马克思主义认为，美育不能简单地定位于艺术教育、道德教育、情感教育，其理想是通过实践，培育肉体和精神都得到全面发展的人。基于对马克思大美育观的理解，20年前，我开始尝试以美育人，以美育为枢纽打通课程壁垒，连通"五育"，育全面发展的人，育个性阳光的人。
  我的实践，从"每班一台戏"开始。
  2001年，作为项目主持人，我以"面向全体，以美育人"为理念，提出以"每班一台戏"作为班级课外活动形式的解决方案，得到校行政班子、班主任、校家委会的支持。学校召开了一系列行政、班主任、家委会研讨会，设计"每班一台戏"特色活动方案。2001年9月30日，六年（2）班"小小艺术家"拉开了"每班一台戏"的帷幕，"每班一台戏"就这样开始登上了建安

---

  ① 赖香恒.以美育人，培养个性化创新人才——以安乐小学"七彩舞台"特色课程建设为例[J].教育观察，2021，10（7）：7-9.

小学的班级舞台。

从开始的在部分班级尝试，到年级组铺开，再到全校班级学生的全面推进，项目组对"每班一台戏"活动的基本组织形式、家校合作方式进行了6年的不断探索实践，实施方案基本形成。

"每班一台戏"以班级为单位，以第二课堂活动为载体，以舞台艺术表演的形式，让每学年每个班每个学生作一次舞台展演，以培养全面发展、有一特长的现代文明小学生为育人目标，成为建安小学的特色活动。据不完全统计，18年来共有近700场次的"每班一台戏"的展演，引起教育同行高度关注，北京、浙江、香港以及马来西亚的同行纷纷前来参观学习。

2015年，我调至安乐小学任教，开始对"每班一台戏"进行优化升级，结合两校的艺术特色活动，我创造性提出了"全面+个性"育人模式的"七彩舞台"校本课程建设思路。"七彩舞台"是建安小学"每班一台戏"和安乐小学"闪亮十五分"的传承和发展，从特色活动到特色课程、艺术素养到综合素养、有一特长到个性阳光、家校合作到家校共育+全学科整合，项目组还编写了《七彩舞台》系列教材，更加系统、科学地落实立德树人的根本任务，实现培养全面而有个性的新时代阳光少年的课程育人目标。4年来，"每班一台戏"共计举办100多场，每场约一小时，每学年有近2000名学生和10000多名家长参加。本课程还被应用推广到宝城、福新、兴围3所小学，取得了良好的育人效果，在推广过程中，教材内容也在不断丰富。

时至今日，"七彩舞台"成为安乐小学人人喜爱的舞台形式①。立足于"七彩舞台"，学校形成了良好的美育文化生态，学生审美素养综合提升，教师专业能力不断提高，学校特色品牌日益闪亮，"以美育人"就这样在安乐小学的土壤里扎下了根，伸向了远方。

---

① 赖香恒. 培养个性化创新人才的路径探索——以安乐小学"七彩舞台"综合实践活动课程为例[J]. 中小学班主任，2021（10）：54-55，59.

目 录

第一章 学校美育研究的背景 ... 1
第一节 美育的基本认知 ... 1
第二节 美育在"五育"中的枢纽功能 ... 11
第三节 学校美育的时代需求 ... 15
第四节 学校美育的现实任务与基本目标 ... 17
第五节 学校美育的现状与发展趋势 ... 20

第二章 学校美育文化生态体系的理论基础 ... 27
第一节 文化生态与学校文化生态 ... 27
第二节 学校美育文化生态 ... 33

第三章 学校美育文化生态体系的立体构建 ... 37
第一节 "七彩舞台"美育活动课程的学校溯源 ... 37
第二节 "七彩舞台"美育活动课程体系构建 ... 39
第三节 "七彩舞台"美育活动课程内容建设 ... 44
第四节 "七彩舞台"美育活动课程育人模型 ... 58
第五节 "七彩舞台"活动课程教学模式 ... 65
第六节 "七彩舞台"活动课程评价 ... 71
第七节 "七彩舞台"师资建设 ... 76

第四章 "七彩舞台"美育活动课程的校本实践 ... 82
第一节 "七彩舞台"舞台模型 ... 82
第二节 "七彩舞台"节目创编 ... 83
第三节 "每班一台戏" ... 128
第四节 "七彩舞台"精彩大戏 ... 152

第五章　学校美育文化生态建设成果与发展愿景……………… 176
　　第一节　学校美育文化生态建设成果………………………… 176
　　第二节　学校美育文化生态建设的社会评价………………… 179
　　第三节　学校美育文化生态建设的课程推广………………… 194

附录：作者已发表的学校美育课题研究成果………………… 197

后　　记……………………………………………………………… 210

第一章　学校美育研究的背景

第一节　美育的基本认知

一、美育思想的发展

（一）"美"与"美学"

"美"是人类文明的文化形式，潜移默化地影响和塑造着人与社会。从原始社会的图腾崇拜到封建社会的宗教信仰，从资本主义的物化审美到社会主义的实践立美，在人类社会的漫长发展中、在不同的人类文明发源地，"美"都被赋予了完善人类心灵的育化属性。

德国古典主义集大成者的黑格尔在其巨著《美学》中认为："我们一般可以把美的领域中的活动看作一种灵魂的解放，而摆脱一切压抑和限制的过程"[1]，黑格尔还将"美"归入艺术的范畴，在此意义上，居于艺术的美成为"人本质的外化"的需要，其内涵也与美育高度同质了[2]。自德国古典主义[3]终结后，美育领域进一步分立成诸多派系[4]，以费舍尔、卢格等人为代表的继承黑格尔传统的内容派，以齐迈尔曼、侯巴特为代表的对立于内容派的形式

---

[1]　朱光潜. 黑格尔美学的基本原理 [J]. 哲学研究, 1959 (Z1): 50-65.
[2]　贡布里希, 曹意强. "艺术史之父"——读 G. W. F. 黑格尔 (1770—1831) 的《美学讲演录》[J]. 新美术, 2002 (3): 50-59.
[3]　陈也奔. 德国古典主义的历史哲学——从赫尔德到黑格尔 [J]. 学习与探索, 2009 (6): 229-233.
[4]　代迅. 美学何去? 门罗的跨文明比较美学之路 [J]. 学术月刊, 2018, 50 (4): 108-117, 127.

派,英国著名哲学家斯宾塞的游戏说,格兰·阿伦、马夏尔的快乐说,等等。其中尤其值得一提的是实验美学的提出者费希纳,他使美学开始转向审美活动的规律研究,彻底改变了当时美学领域形而上的思辨研究体系①。不同流派与哲人的美育思想与成果极大地丰富了美育的研究内容,为马克思主义美育观的继承与发展积累了必要而充分的材料。

在我国尧舜时期,《尚书·舜典》就记载:"命汝典乐,教胄子,直而温,宽而栗,刚而无虐,简而无傲";春秋战国时期的老子、孔子等先哲们以美为学问之开端,子曰:"志于道,据于德,依于仁,游于艺",提出"乐教",体现出以美之教化融于心从而为乐的要求②③。在古希腊,柏拉图提出"美具有引人向善的作用和力量",亚里士多德认为"美是一种善,其所以引起快感正因为它是善",以他们为代表的哲人以形而上的方式把握美,并通过创立理念论与模仿说等,将外在的美形式化为内在的善④⑤。

(二)"美育"与"美育理论"

在漫长的历史长河中,很多哲人基于不同角度的认识持续地对"美"进行理论探索与实践活动,提出各自的美育思想,使"以美育人"的观念在不同维度得以扩展,并形成了不同的流派,使美育成为人类文化传承的一部分⑥。但直至18世纪,有关"美育"的探究还未真正形成完整的系统。

"美育"这个概念是德国诗人、哲学家席勒于18世纪末期创立的⑦。在其著名的《关于人的审美教育的书信》中,席勒提出以"美育"解决当时德国政治和文化问题的设想。他从"人性的观念"和"美的观念"出发,通过对德国政治状况和现代性弊病的批评,建构了较为系统的美育理论。席勒深刻考察了美的本质与人的本质的内在联系,通过融合人类学的分析视角,将美学研究的维度扩展到了一个新的领域,其著作《美育书简》被学界尊称为"第一部美育的宣言书"⑧,第一次比较系统和全面地提出了美育理论,阐述了美育

---

① 管少平. 论"自然主义"视野下的审美知觉研究[J]. 华南理工大学学报(社会科学版),2008(5):26-29.

② 黄济. 中国美学和美育思想概述[J]. 华东师范大学学报(教育科学版),1994(4):33-39.

③ 陈望衡. 中国古典美学史[M]. 江苏人民出版社:,201903.772.

④ 徐兆武. 从柏拉图、亚里士多德的美学思想看古希腊美学特征[J]. 巢湖学院学报,2004(6):4-7,12.

⑤ 王晓华. 古希腊美学中的主体观和身体意象[J]. 文艺理论研究,2012,32(6):74-82,89.

⑥ 刘铁芳. 审美教育与教育之美[J]. 教育发展研究,2017,37(8):3

⑦ 杜卫. 美育:审美现代性话语的创建——重读席勒《美育书简》[J]. 文艺研究,2001(6):12-19.

⑧ 陈育德. 第一部美育的宣言书——席勒的《美育书简》[J]. 江淮论坛,1998(1):91-96.

的重要性,不再把美育作为道德教育的补充。席勒认为"美育"旨在强调如何发挥美在育人中的功能,从而使人的主观精神能动地克服人性的弱点,培养全面发展的人、完美的人、理想化的人。①他所提出的感性与理性和谐的完整人性、自然的人只有通过审美才能成为道德的人,以及对西方现代性的批判等思想,对世界美育思想有着重要影响,随之,美育成为一个思想、内容多元,分支、范畴庞杂的学科体系,独立登上了历史舞台,对于20世纪以后的中国美学产生了极其深远的影响②。

中国自古以来重视"诗教""乐教",也有在自然环境中游历以陶冶性情的传统,但并没有被冠以"美育"之名。一方面,正是由于我国有深厚的以情感体验来培养人格的思想和实践传统,所以从20世纪初开始,中国的美学家和教育学家们持续重视、引进并阐发席勒的美育思想。事实上,中国现代美学在相当程度上是由于对美育的重视才得以建立的。另一方面,我们今天讲的"中国的美育传统"实际上是西学东渐之后被一些中国学者从理论上建构起来的。正是由于一些前辈学者"取外来之观念,与固有之材料互相参证",激活了我国悠久而丰厚的美育思想与实践,中国的美育传统才得以逐渐构型。因此,如今人们谈论的"中国美育传统",实际上是在中西文化碰撞、融汇的背景下开始被建构起来的,与20世纪中国美学家所建立的美育理论有着深刻的内在关联,而开创这项工作的正是王国维。在王国维的美育研究历史性文献《孔子之美育主义》中,他一方面引入西方的美学和美育思想;另一方面,也是更重要的是,他对孔子的教育思想和实践进行了阐释,并把孔子的教育实践概括为从美育开始,并最终成就于美育③。王国维对于美育的理解,来自康德和叔本华的美学理论,也来自席勒的美育理论,而他对美学以及美育理论的兴趣,主要是来自西方美学中的审美"无利害性"理论。这其中的一个深刻的历史文化背景在于,王国维选择了美学和美育恰恰是因为其契合了中国传统儒家的育人方式,以及把"私欲"作为人格完满的最大障碍的思想。他把"无利害性"直接解读为"无欲",所以说"无欲,故无空乏,无希望,无恐怖,其视外物也,不以为与我有利害之关系,而但视为纯粹之外物。此境界唯观美时有之"。他还把原本作为审美判断条件之一的"无利害性"解读为美的一种独特功能。

中国现代美育理论的建构过程不仅是与中国传统美学对话,更受到了西方

---

① 陈建翔. 席勒美育思想与当代教育美学 [J]. 北京师范大学学报, 1990 (2): 86-93.
② 莫小红. 席勒与20世纪上半叶中国美育思潮 [D]. 湖南师范大学, 2014.
③ 米贞铮. 从《孔子之美育主义》谈王国维美育思想 [J]. 名作欣赏, 2021 (18): 171-173.

美学思想的广泛影响。当代美育理论的建构过程通过考察西方美学思想、反观东方美学观念，博采众长，取得了长足的进步。彭锋教授认为"完美主义与美育"从中西方哲学对"美好生活"的思辨出发，探讨美育与追求美好生活的关系，进一步思考了当代美育对人的长远发展乃至终身幸福的意义[①]。王德胜教授将当代美育理论建构拆解为历史继承性和文化适应性两个层面。其中，历史继承性是将当代美育理论放在人类美育思想观念的脉络中进行考察，深化当代美育理论与人类美育观念之间的有机关联；文化适应性是将当代美育理论建构的目标与现实的人生实践之间建立直接关联，从而凸显美育理论的当代建构视野、当代问题意识以及当代实践指向。总体来说，王德胜[②]将历史继承性和文化适应性作为美育理论中相辅相成的两个方面，阐明当代美育理论的价值效度问题。从文化适应性角度来说，王德胜提出需要从两个方面建立对应性关系。首先是"文化—生活实践"的现实对应性，需要使美育命题、美育观念、美育目标与现实文化、生活现实、价值理想之间形成充分的对应关系。其次是审美现实的理论对应性，即在理论建构的内部系统中，广泛接纳当代生活的新改变，关注审美形态、审美方式等实际拓展，使得美育观念构造、理论思想阐释及其应用直接与当代生活的审美现实相关联。谭好哲立足当代美育建设，回溯了中国美育思潮的流变史，明确了现代美育理论对于当代美育的重要理论价值。他认为，兴起于20世纪初的中国现代美育受到外来美学和美育观念的影响，它既是中国古代美育向现代美育话语体系转型的历史政策，也是中国当代美育的理论范型和基本问题域。从古代美育、现代美育到当代美育的发展过程，也是从教化论美育到智性美育再到人生论美育的演进过程。回溯中国美育思潮的流变，谭好哲归纳了现代人生论美学对当代美育的重要启示价值，美育有利于涵养人的综合素质，培育人的创造精神和创新能力；美育作为现代社会弊病的对策，有利于克服现代社会发展给社会、人生与人性带来的负面影响。

（三）"美育观"

在美育理论建构过程中，对美育观的关注也是学术界聚焦的关键问题之一。

1. 马克思主义大美育观

马克思主义认为，劳动创造美。劳动实践是一种有意识、有目的的活动，是经过大脑思考判断而从事的活动，而美的诞生正是在劳动实践中，因为这种

---

① 石涴蔚．"当代美育、艺术教育的观念与实践"国际学术会议综述［J］．中国高校社会科学，2019（2）：155-156.

② 同上。

潜在的意识使劳动主体经过判断而做出美的改造，这种改造活动作用于外界，有可能改变物质的固有属性①。在改造世界的过程中，是劳动创造了美，而人是劳动的主要参与者，那么美的本质可以看作是人的本质属性的对象化过程②。

基于这种本质认知③，马克思主义美育观④其实是指一切推动社会进步、有利于生产力发展、遵照美的规律进行的对世界的改造、对客观事物具有审美评价力的根本观点。马克思主义美育观是马克思主义经典作家关于美育的思想体系，虽然目前还没有一个完整的定义，但马克思主义美育观是美学思想的重要组成部分，其发展重视美育与社会生产实践、文化传承和人的全面发展相结合，是马克思主义美学思想和教育思想结合的一个组成部分，体现的是一种大美育观⑤。

马克思主义美育观突破了狭隘的美感教育理念局限，将人的本质与美的本质有机结合在一起，指出"动物只是按照它所属的那个种的尺度和需要来构造，而人却懂得按照任何一个种的尺度来进行生产，并且懂得处处都把固有的尺度运用于对象；因此，人也是按照美的规律来构造"。马克思主义美育观作为一种大美育观，不再片面地将美育定位于艺术教育、道德教育、情感教育，其理想是通过实践培育肉体和精神都得到全面发展的人。在《共产党宣言》中，马克思指出："每个人的自由发展是一切人的自由发展的条件"，马克思主义学者认为，人的自由全面发展是美育培养的最高目标，"每一个人都无可争辩地有权全面发展自己的才能"。自由是美的基本品质，自由的本性是在现实实践中获得质的变化，获得新的自由能力与升华，是人的感性与理性的完美结合。马克思主义美育观的精髓，要强调人的全面发展的作用，通过人的自身素养的提高，建立完善的审美结构和心理认知结构，不断进行美的教育，使个体的思想和精神得以升华，并提出更高的审美追求，使人日益趋向完善⑥。

2. 新时代中国特色社会主义美育观

在我国，美育的引入最早可追溯到王国维与蔡元培，民国时期的学者常用

---

① 程远. 马克思主义美育观与当代中国美育建设 [D]. 北京交通大学，2018.
② 董学文. 论马克思主义美育观的本质和特征 [J]. 廊坊师范学院学报（社会科学版），2014，30（5）：5-11.
③ 同上。
④ 李瑞奇. 马克思主义美育观基本问题探析 [J]. 湖北社会科学，2023（2）：148-155.
⑤ 许冬玲，付家东. 论美育的马克思主义理论依据 [J]. 求索，2003（4）：173-175.
⑥ 董学文. 论马克思主义美育观的本质和特征 [J]. 廊坊师范学院学报（社会科学版），2014，30（5）：5-11.

"审美教育""美感教育"作为"美育"的扩展称谓。蔡元培是较早给美育下定义的人,他还提出"以美育代宗教说",可见他对美育的重视①。

中国具有历史悠久的美育思想和实践,然而,中国美育传统的理论建构却是在20世纪初叶西学东渐进程中开始的。中国的美育传统把美育纳入"修身"的主要途径,体现了浓郁的家国情怀;把美育定位于以伦理为主要内涵的人文素养的化育,形成了美育和德育内在融合的"心育"特色;以体验为途径,将修身的内容内化于心,形成了"情育"特色和"无用之用"的独特话语;并形成了以"潜移默化"为代表的方法论话语。

新时代中国特色社会主义美育观是当代中国对马克思主义美育观的继承、丰富与发展,是以马克思主义美育观的立场、观点和方法指导我国社会主义的美育实践。新时代中国特色社会主义美育观以中国国情为立足点,以社会主义核心价值观为指导,通过实现全社会审美意识的立美实践的全面发展,实现新时代中国特色社会主义美育观的完善②。

新时代中国特色社会主义美育观是马克思主义美育观的中国式发展,是大美育,旨在培养和造就人完整而有创造性的个性,塑造人的性格、意志、情感、价值观等,促进人的全面自由发展。美育活动的过程贯穿于人的一生和所有活动领域,它不是单一的学科教育,也不是个别教育,而是坚持面向全体公民的教育,遵循美育特点与规律,以美育人③。

新时代中国特色社会主义美育将社会主义核心价值观纳入美育全过程,将美育植根于中华民族优秀传统文化的深厚土壤,坚持以人民为中心,将美育融入人民群众的日常生活,推动中国当代文化的繁荣发展,推动中华民族人文素养的不断提升④⑤⑥。

二、美育的定义维度

对于美育一词,最为基本的解释是把"美育"二字拆分为两个角度,一

---

① 昌逸文."完整人性"与"生命自由"——席勒、蔡元培美育思想的比较[J].长春教育学院学报,2020,36(2):47-54.
② 冯倩倩.马克思主义美育观在新时代美育建设中的应用研究[D].河北科技大学,2020.
③ 李兵.习近平新时代中国特色美育思想的基本要领[J].汕头大学学报(人文社会科学版),2022,38(6):5-11,94.
④ 程新宇.习近平关于美育的重要论述研究[D].山东大学,2021.
⑤ 李墨,翟珣.习近平总书记关于文艺与美育重要论述的四重维度[J].理论与现代化,2020(5):13-18.
⑥ 刘琪.习近平美育观研究[D].电子科技大学,2022.

个是以"美"为本体的美学角度,一个是以"育"为本体的教育角度。后来的学者将"美育"研究不断延展,又将其与其他学科交叉重叠,使美育成为介于美学、艺术学、教育学、心理学、社会学等的综合体,不同学科又以自身维度和视角来定义美育,致使美育概念众多,出现了很多不同维度的定义①。

(一) 美学教育维度

美学源于希腊文 Aisthetikos 一词,由德国哲学家鲍姆嘉顿首次使用,意思是人对现实生活中自身感性观念的特征与规律的研究。美学一词是美育一词的来源。因此,美育的美学维度主要体现在美学理论的研习与教育,强调的是美学知识与理论的学习、普及与传播。国内持此维度认知的学者蒋冰海先生认为,美育是美学的一个分支,是美学实践的一个窗口。

(二) 精神教育维度

精神教育维度强调美育中的"育",是指借助美的规律以提升自我和教育他人。具体而言,即是通过普及美学知识,陶冶人的情感、塑造人的品格、解放人的思维、完善人类的精神生活。从精神教育维度而言,美育是一门关于感受、了解、创作艺术及有关事物的学科,也是一门以艺术为路径发现世界、发现自我的学科。正是基于这样的理解,有很多学者认为美育是德育的手段。

(三) 艺术教育维度

美育被置于艺术教育的体系框架内,最早是黑格尔的观点。他认为美是人的类本质以艺术为中介的某一属性的外化,美育则是通过学习如何鉴赏和创作艺术作品来提高对艺术品的理解、评价与创作能力。此一维度的片面性在于将"美"作为艺术的范畴,以至夸大了作为中介体系的艺术,并将艺术的过程和手段化成"美育"学科,抛弃了自然和社会多个方面。持此维度的学者普遍认为,美育即艺术教育,甚至认为,艺术范畴里的美术教育即是美育的全部。

(四) 社会发展维度

社会发展维度强调的是美育作为社会意识的作用。从顺应时代、符合社会发展的角度而言,美育可作为上层建筑感化育人的手段,以满足时代和社会对人的培养的需要。正如席勒在《美育书简》中的观点:"人们在经验中要解决的政治问题必须假道美学问题,因为正是通过美,人们才可以走向自由。"美育进入我国后,蔡元培、王国维等学者也都强调美育对推动社会发展与进步的作用。

---

① 朱鹏飞. 美育的四个维度 [J]. 湖北大学学报(哲学社会科学版),2009,36 (2):62 - 66.

三、美育的本质辨析

作为人类教育活动的基本组成部分，美育的历史和其他教育现象的历史一样，可以追溯到教育起源的远古时期。关于美育的教育思想也可以从我国先秦时期关于"乐"的教育思想，以及古希腊关于包含说唱在内的音乐教育的思想中，找到理论渊源。直到今天的现代学校教育，音乐和美术等艺术课程仍然是美育的基本形式和途径。[①]

关于美育的本质辨析，众多学者和研究者提出了不同的观点[②③④⑤⑥⑦]。

美育等同于艺术教育吗？答案是否定的。

杜卫在《当前美育和艺术教育关系的若干认识问题》一文中提道：美育和艺术教育有着密切联系，也有一定区别，需要运用辩证思维正确理解。在美育教学方兴未艾的今天，恰当把握美育与艺术教育、专业艺术教育与普通艺术教育、美育与德育、美育与艺术教育评价、美育与艺术知识和艺术技能教学等一系列的关系，是遵循美育特点、提高美育教学实效的必要前提。美育是人类教育活动的一个基本方面，它不限于艺术教育，而是一种通过促进人的感性方面发展来全面提升人的本质力量的普遍的教育过程[⑧]。

按照教育学界较为通行的定义，"美育，又称为审美教育、艺术教育、美感教育，是用美的观念和审美形态（包括自然美、社会美和艺术美）来熏陶、培养人，从而提高他们的精神素质的一种教育"。在教育理论界，也的确普遍存在着将"美育"和"艺术教育"相提并论或相互替代的现象，甚至在一定程度上还日益呈现出以"艺术教育"取代"美育"的倾向。从理论到实践，似乎美育和艺术教育是同一种教育活动的不同名称，认为两者其实是一回事。然而，即便从这个定义本身我们也能看出，美育显然不是艺术教育所能完全涵

---

① 吴豆. 二十世纪以来美育概念定义史变迁及现代姚志峰，蒙高娃. 美的本质与美育的价值[J]. 三峡大学学报（人文社会科学版），2007（S2）：70-71.

② 易晓明. 论美育的本质及其当代使命[J]. 美育学刊，2016，7（3）：1-7.

③ 冉祥华. 美育本质的双重规定性[J]. 郑州大学学报（哲学社会科学版），2009，42（2）：97-100.

④ 姚志峰，蒙高娃. 美的本质与美育的价值[J]. 三峡大学学报（人文社会科学版），2007（S2）：70-71.

⑤ 李莉. 试论美育的本质及特征[J]. 北京第二外国语学院学报，1997（3）：106-109.

⑥ 李田. 再论美育的本质[J]. 教育研究，1994（11）：67-72.

⑦ 曾繁仁. 试论美育的本质[J]. 文史哲，1985（1）：53-60.

⑧ 杜卫. 当前美育和艺术教育关系的若干认识问题[J]. 美育学刊，2019，10（3）：1-6.

盖的，无论是"美的观念"，还是审美形态中的"自然美、社会美"，显然都不能全部包含于艺术教育之中。关于艺术教育的各种理论，显然也和美育理论有着明显的不同。对美育和艺术教育的差异，理论界也已有不少论述。种种迹象表明，艺术教育只是美育的多种途径之一，二者并非相互等同、可以互相替代的关系。

在一定意义上，我们甚至都不应将美当成艺术必然具有的某种天然属性。尽管自古以来艺术教育都是我们进行美育的主要方式，但艺术教育并不等同于美育，它只是达成美育目的的多种手段中的一种主要手段。从马克思主义教育学关于人的全面发展学说来看，美育显然也不能简单地等同于艺术教育①。

四、美育的基本内涵与特征

（一）美育的基本内涵

美育概念的内涵包括作为一种教育活动的美育、作为人的全面发展一个方面的美育、作为人类教育活动一个维度的美育。对美育丰富内涵的狭隘理解，可能会给人的发展带来片面性。教育活动的审美维度是人在教育过程告一段落时对自身所获得发展的享受和欣赏。审美维度的丧失是教育异化的重要表征之一。克服教育异化，是真正达成"人的全面发展"的前提条件，而重建和巩固人在教育活动中的主体地位，则是扬弃教育异化的关键。

（二）美育的基本特征

关于美育的基本特征，有不同的学者提出了不同的观念②③。

美育有两个基本特征，只有全面了解这两个基本特征，美育才不至于走向形式主义④。

第一个特征，美育是以艺术实践为主要内容、锻炼感受力的教育。美育不是一套道理或定律，也不是"以一教训一格言相授"，而是以艺术为主要内容，引导人们进入"如曾点之狂狷、逝者如斯之自在、乐之文与乐之情之浑成那样的状态"。入山川大地感受其形、其色、其声、其势；画画感受线之韵、色之丰；唱歌、奏乐感受声之妙；舞蹈感受身体的呼吸和话语。因此，美

---

① 祁志祥."美育"的重新定义及其与"艺术教育"的异同辨析［J］. 文艺争鸣，2022（3）：98-105.

② 李莉. 试论美育的本质及特征［J］. 北京第二外国语学院学报，1997（3）：106-109

③ 姚晓南. 论现代美育的本质特征［J］. 广东教育学院学报，1995（4）：61-65，76.

④ 何玲. 美育共同体：内涵、特征及时代使命［J］. 教育理论与实践，2020，40（25）：8-12.

育最重要的目标就是在艺术活动和实践中锻炼感受力，锻炼感觉（如视觉、听觉、动觉、综合等）的敏锐性，并锻炼个性化的感受力，保持由感受激发出来的最朴素生命力。感受力教育或感性教育关系到教育的一个根本目的——幸福。如果你对自然、他人、自我无感，幸福便无从谈起。

第二个特征，美育是"另一种思维"的教育。美育是感性教育，同时也是理性教育，而且这种"理性"，与我们以往理解的那种建立在科学之上的理性不同，它是"另一种思维"。科学思维是求解性的，关注对现象原因的理解和探索性求解，强调共性、规律性，是内在的和抽象的，追求确定性答案，可进行真或假的客观性判断。而艺术思维则是建构性的，关注现象本身和对现象的感受，强调自由的个性及具体性，是外在和具体的，追求开放性的非确定性答案，可进行好或不好的价值判断[①]。

五、美育的理论基础

美育是一种以艺术为核心的教育体系[②]，它的理论基础主要包括以下几个方面[③]。

（1）哲学：美育的理论基础之一是哲学。哲学强调了感性与理性、自然与人文之间的关系，以及艺术与人类精神发展之间的紧密联系。美育哲学强调美学的重要性，并将美学作为一种交流的媒介，在教育过程中激发学生的思维和创造力。

（2）美学：美育理论基础之二是美学。美学定义了美和艺术的本质，并讨论了它对个人和社会的影响。美育借鉴了美学的原则和概念，以帮助学生发展审美观和创造性思维。

（3）心理学：美育理论基础之三是心理学。心理学帮助我们了解学生的认知和情感发展，并为设计有效的美育课程提供了指导意义。美育也可以作为一种治疗手段，通过艺术活动来帮助学生缓解心理压力和焦虑情绪。

（4）教育学：美育理论基础之四是教育学。美育在教育过程中具有独特的地位和作用，可以培养学生的审美素养、创造力和人文精神。美育的教育方

---

① 杜卫. 情感体验：美育的根本特征——当代中国美育基础理论问题研究之四［J］. 美术研究，2020（3）：5-10.

② 杜卫. 论美育的内在德育功能——当代中国美育基础理论问题研究之二［J］. 社会科学辑刊，2018（6）：48-58，213.

③ 杜卫. 中国美育传统论纲——当代中国美育基础理论问题研究之三［J］. 美术研究，2019（4）：16-23.

法、技巧和策略需要建立在教育科学理论的基础上,以确保有效的教育成果。

综上所述,美育的理论基础涉及哲学、美学、心理学和教育学等多个领域。这些领域为美育提供了理论基础、教育原则和意义指导,为美育的实践提供了重要的支持。

第二节 美育在"五育"中的枢纽功能

一、"五育融合"视域下美育建设的理论基础

德智体美劳全面发展是新时代教育变革与人才培养的基本要求。安乐小学的研究团队多年来一直探索并尝试以美育人①,以美育为枢纽打通课程壁垒,连通"五育",育全面发展的人,育个性阳光的人②。美育作为"五育融合"体系中的核心环节之一③,具体是指学生认识美、感受美、鉴赏美和创造美的能力,是人格养成、心灵净化的关键,是各级各类学校全面实施素质教育,培养德智体美劳全面发展人才的重要组成部分,在人才培养的各个环节中,既不可缺少,也不可替代。美育也是"五育并举"中的核心,起着枢纽功能。

杜卫在《论中国美育研究的当代问题》④中提道:从哲学上讲,人的全面发展理论、人的生存理论是美育研究比较切近的出发点;从美学上讲,人生论美学最适合作为中国当代美育研究的出发点;从教育学上讲,素质教育思想与美育最相容。以上这3个方面其实都体现了一种理念,那就是关心人的生存和发展的以人为本的理念。

宁本涛、杨柳在《美育建设的价值逻辑与实践路径》⑤中提道,纵观中外教育发展史,受教育者的核心素养,尤其是审美素养的培养,一直是教育领域

---

① 赖香恒. 培养个性化创新人才的路径探索——以安乐小学"七彩舞台"综合实践活动课程为例 [J]. 中小学班主任, 2021 (10): 54-55, 59.
② 赖香恒. 以生活化案例教学培养学生的核心素养 [J]. 教师, 2020 (36): 5-6.
③ 赖香恒. 以美育人,培养个性化创新人才——以安乐小学"七彩舞台"特色课程建设为例 [J]. 教育观察, 2021, 10 (7): 7-9.
④ 杜卫. 论中国美育研究的当代问题 [J]. 文艺研究, 2004 (6): 4-11, 158.
⑤ 宁本涛,杨柳. 美育建设的价值逻辑与实践路径——从"五育融合"谈起 [J]. 河北师范大学学报 (教育科学版), 2020, 22 (5): 26-33.

跨时代、跨国界的论题。宁本涛认为，培育"五育"全面发展的人才，应以"五育融合"为出发点，以哲学"主体间性"理论、心理学"具身认知"理论、美学"人生艺术化"理论为研究基础，以"以美育美""以美育人""以美促教""以美创新"为学校美育建设的现实任务，通过健全美育治理体制与评估体系、建立立体化的审美教育系统、创建育美于校的校园文化、开展线上线下美育实践活动、探索美育实验区建设等路径，构建符合时代特色和本土化特征的学校美育建设体系，从而推进美育建设的新样态。

（一）美育建设的哲学基础——主体间性

对美学的讨论最早是作为哲学领域的问题展开的。主体间性这一哲学概念是伴随着西方主体性哲学的盛衰而崛起的。人类与世间存在的万物都是主体，而主体间性就是世间万物之间的关系。

在主体间性哲学的基础上，现代美学也由主体性走向主体间性，把世界看作主体，把审美看作主体间性的充分实现。主体间性的充分实现路径是审美，因为只有在审美活动中才真正建立了人与世界的平等、同一和自由的关系。德智体美劳均是审美过程中的主体，这5个主体通过各自运转，共同达成对审美过程的认知。美育通过在德育、智育、体育和劳动教育这4个主体中的充分实现，建立与其他四育的联系，从而完善美育过程，形成良好的美育体验。

（二）美育建设的心理学基础——具身认知

学习及教育通常被认为是一种脑力劳动，身体在此劳动过程中的作用通常是被忽略的。传统教育观对身体的忽视受认知主义二元论的影响。认知主义接受笛卡尔的二元论观点，将身体与认知割裂开来，将二者划分为两种不同性质的存在。

而具身认知理论反对的就是认知主义中的二元论①。具身认知的中心原则是，心智是身体的心智，认知是身体的认知，身体是认知的主体。身体和认知在环境中是相互支持的，并能给予彼此反馈。大脑的认知可以促使身体学习，身体的学习经历同样也会给予认知积极或消极的反馈。有不少研究者应用具身认知理论于美育教育过程中②③④。由此可见，教学过程中不能采用单一的

---

① 杜芳芳，潘祝青. 具身审美：学校审美教育的应有之义[J]. 当代教育科学，2016（19）：38-41.

② 王佳倩. 具身认知理论视野下的艺术博物馆美育方式设置[J]. 中国民族博览，2022（18）：104-107.

③ 夏敏益. 具身认知视野下的绘本美术教育研究[D]. 西南大学，2021.

④ 吴珍. 具身认知思潮下的音乐心理学研究与音乐教学法实践思考[C]//中国音乐家协会音乐心理学学会. 第六届中国音乐家协会音乐心理学学会学术研讨会论文集，2017：43.

"听中学"的方法培育智力,而要转向多感官学习,以劳促智、以德激智、以体启智、以美养智。具身学习提倡由直接给予知识转向帮助学生体悟知识,而这种体悟只有以一种赏心悦目的美的方式呈现,才可以让枯燥的知识学习变得愉悦而美好。

（三）美育建设的美学基础——人生艺术化

美国思想家梭罗在《瓦尔登湖》中从"生活艺术化"视角对"审美"进行了新的诠释。在梭罗独自居住于瓦尔登湖畔的两年中,他一边劳动,一边进行文学创作,将写作、阅读、劳动、倾听融为一体,其文字中充满了与大自然相处的审美感受。这是一种以诗意的方式生活、开展艺术创作,却没有脱离劳动,仍然能够融入社会、参与政治的生活方式。梭罗想用自己的经历证明,人生可以借助美的感受,将世俗艺术化。美好的生活并非只能靠积累知识与财富获得,而是可以经由智慧,通过对自然与人性的审美体验而获得。朱光潜也认为,"人生本来就是一种广义的艺术",他提倡人们领略生活的乐趣,通过审美实现人心净化,达到真善美统一的人格理想。

二、美育在"五育融合"中的枢纽功能

蔡元培是我国近现代最早发现和提出美育,也是我国第一位提出"五育并举"的教育思想家。蔡元培强调,"五育"中的美育,形态自由,更容易与其他教育融合,对人具有改造作用,能激发人的创造欲、启蒙心智、完善人格、净化心灵、促进个性成长,具有沟通感性与理性、激发知性与想象、使整体达到和谐状态的作用。教育是一个大系统,涵盖了德、智、体、美、劳各种素质教育构成要素,这些要素之间只有通过相互联系、相互作用,才能更好地发挥整体育人功能。美育与德、智、体、劳教育,既各有特定的职能,又相互联系、相互依存、相辅相成。学校以美育为枢纽构建特色课程内容体系,不能将美育当作简单化、形式化的过程,而要从"五育融合"的视野出发[①②],将美育与其他"四育"相互融合、相互渗透,使其相辅相成,促进学生的全面发展。

（一）以美育美,养性怡情

无论是蔡元培提出的"美育代宗教说",还是王国维构想的以美育培养"完全之人物"的教育宗旨,又或是席勒的以美育"促进人身心和谐发展"的

---

① 李政涛,文娟."五育融合"与新时代"教育新体系"的构建[J]. 中国电化教育,2020(3):7-16.

② 宁本涛."五育融合"与中国基础教育生态重建[J]. 中国电化教育,2020(5):1-5.

主张，美育的功能指向都超越了世俗的功利性和非纯粹的目的。美育的这种自由的、进步的、普及的、超功利性的功能是循序渐进的、潜移默化的，并能够在教育对象认识美、感受美、欣赏美、创造美的审美实践中被激发出来，进而达到现实与理想、知识与情感的调和，推动人的个性养成。学校想要借助美育解决教育现实问题，就要抛开功利与非纯粹的目的，回归美育，培养学生认识美、感受美、欣赏美、创造美的能力本身，实现"以美育美"。

（二）以美润德，扬善求是

德育偏重理性，倡导人在追求善的过程中以一系列的道德规范约束自己。美育通过音乐、舞蹈、文学等多种艺术形式陶冶人的情感、重建人的信仰、塑造人的精神。美善相连，美育本身就具有陶养道德的作用，正确的审美观、高尚的审美情趣以及对于美丑的辨别力、创造美的能力，本身就是善的表现。以美润德，是理性与感性的相互作用，对学生的道德养成具有促进作用。

（三）以美激智，启智求真

智育培养的是学生认识和把握客观世界规律性的求真能力。目前的学校教育多以智育的形式开展，而美育以艺术为主要表现形式，形象而丰富。美育融合智育，消除学科边界，形成学科融合[1]，可以给枯燥的知识学习带来生机，使学生在愉悦精神的同时，高效掌握自然科学和社会科学知识。

（四）以美健体，体健阳光

体育是健与美的结合。体育运动可以使人身体健美，体育竞赛则可以使人形成顽强拼搏、团结互助等高尚的精神品质。在体育运动或体育竞赛中引导学生感受美、欣赏美，能够激发学生对体育的兴趣；在艺术活动中融入体育运动和体育竞赛，则能不断创造体育的美和孕育高尚的社会风尚美。

（五）以美益劳，勤劳创造

马克思说，人是按照美的规律来改造世界的。劳动是人类改造世界的基本方式，饱满的情绪、灵活的思维和丰富的想象力是劳动创造中不可或缺的重要因素。而良好的审美活动可以使人充分调动思维和想象，以情绪饱满、积极向上的状态参与劳动创造[2]。因此，学校要培养自觉依靠劳动创造来建设新时代中国特色社会主义的接班人，就需要适应时代的发展要求，开创美育与劳动教育融合发展的多元育人途径，培养学生的个性化劳动创造意识和能力。

---

[1] 吴群英. 全学科融合式美育促进儿童个性化发展［J］. 江苏教育，2021（2）：57-58.
[2] 朱立元. 马克思美育思想初探［J］. 当代文坛，2022，（3）：4-23.

第一章 学校美育研究的背景

第三节 学校美育的时代需求

一、政策层面，对学校美育不断提出新要求

美育，简单说，就是用美的事物培养人的教育。用学科术语说，美育是有目的、有计划、有组织的，通过美的事物，培养学生的审美欣赏力、审美表现力、审美创造力，同时促进其德智体美等全面和谐发展的教育。

回顾系列文件，可以梳理政策层面对学校美育提出的新要求。

1999年中共中央、国务院作出《关于深化教育改革，全面推进素质教育的决定》，明确将美育纳入教育方针。

2001年及2011年教育部两次印发的义务教育音乐、美术、艺术课程标准，指导了我国二十年中小学艺术课程改革实践。正确的改革方向和先进的教育理念，促进了广大艺术教师教育观念的根本转变，推进了课堂教学方式的变革，提升了教师队伍的整体水平，引领了艺术课程学业评价改革，有效提高了义务教育艺术教学质量，特别是发挥艺术教育在全面育人中的重要价值和作用。但总体上看，仍存在一些问题，主要表现在艺术课程内容不够丰富、艺术各领域之间缺乏联系、学习内容和要求缺乏系统性、评价标准不够明确、评价体系不够完善等。

2015年，国务院办公厅印发《关于全面加强和改进学校美育工作的意见》，明确：美育是审美教育，也是情操教育和心灵教育，不仅能提升人的审美素养，还能潜移默化地影响人的情感、趣味、气质、胸襟，激励人的精神，温润人的心灵。美育与德育、智育、体育相辅相成、相互促进。美育是关系国家德、智、体、美、劳等全面发展的教育方针能否得以充分贯彻的重要一环。党和国家一直高度重视学校美育工作，从各方面提出具体要求并逐步完善。文件指出目前美育教育工作仍是薄弱环节。这是新中国成立以来国务院首次出台的有关学校美育的专门性文件，推动了学校美育工作的开展，为学校美育工作的开展指明了方向。紧接着，教育部印发了《中小学生艺术素质测评办法》《中小学校艺术教育工作自评办法》和《中小学校艺术教育发展年度报告办

法》①，作为中小学美育教育工作的参考依据，促使学校美育工作向更加多元、更加全面的评价进行。

2017年，教育部出台《学校体育美育兼职教师管理办法》，为解决学校体育美育师资短缺、保障师资队伍的整体素质提升提供了新方法。

2019年6月，中共中央、国务院出台《关于深化教育教学改革全面提高义务教育质量的意见》，提出要坚持五育并举，加强美育的培养。

2020年10月15日，中共中央办公厅、国务院办公厅印发《关于全面加强和改进新时代学校美育工作的意见》（以下简称《意见》）② 指出：至2022年，学校美育课程开展、资源配置、评价体系和管理机制要更加完善；至2035年，要求具有中国特色的高质量校园美育体系基本形成。该文件进一步强调了美育工作的重要性，对加强和改进美育，实现五育融合进行了全面部署。《意见》发布以后，各级政府迅速响应，各地教育行政部门和各级各类学校积极探索新时期新美育的途径和方法，取得了很多成绩和经验，推动我国美育进入历史新阶段。

一系列美育政策文件的出台，深入明确了学校美育的工作要求，为学校美育工作搭建了主体框架，使学校美育工作的实施有据可依、有章可循。

二、实践层面，双减实践对学校美育不断提出新要求

2021年7月，中共中央办公厅和国务院办公厅出台的《关于进一步减轻义务教育阶段学生作业负担和校外培训负担的意见》中，提出了"双减"的要求。"双减"的一个很重要的目的就是全面贯彻落实"立德树人、五育并举、全面发展的教育方针"，重构中国基础教育的良好生态。我们看到，在"双减"背景下，教育部门还在推动"双增"，即在减轻校内课业负担的同时，给学生提供更多的参加户外活动、体育锻炼、艺术活动、劳动的时间和机会。这也意味着学生接受体育和美育的时间将会大大增加。用"双减"来带动"双增"，有利于提高学生的体育素养和审美素养。相比美育，其他学科知识学习中的"做"只是手段，以至于有人认为知识不用学，输入"脑机"就可以了。但美育的"做"既是手段，也是目的。美育强调亲身体验，强调通过体验——看到的、听到的、触到的等，获得属于自身的独特感受，并为之所

---

① 杨嘉晨，李庆本. 中国美育研究2018年度报告 [J]. 美育学刊，2019，10（1）：38-45.
② 中共中央办公厅、国务院办公厅. 关于全面加强和改进新时代学校美育工作的意见 [Z]. 2020. 10.

动。美育同时又是非功利性的、是自由的、是主观的、是个性的、是非确定的。就这些意义来说,美育显然不是为现行考试准备的一门课程,美育的成效不能仅盯着考试分数。

"双减"政策之下,美育迎来春天。在 2023 年 3 月的全国两会上,"美育"成为热议的一大关键词。在不少全国政协委员眼中,美育不仅对于青少年学生审美和人文素养的提升大有裨益,更是全民性的。而真正做到以德铸美,以美铸品,让美成为全体中华儿女的内在涵养,需要探索合适的方式、方法。美育的主要对象是青少年学生,重点在学校。这样的判断,来自全国政协委员、中央文史研究馆副馆长、中国美术家协会名誉主席冯远。他在名为《美育是关乎新时代国民综合素质养成的系统工程》的提案中指出,将学校作为主阵地,牢牢把握美育的正确方向,发挥其核心引领、辐射的作用。

在"双减"实践背景下,学校美育课程建设的研究与实践工作亟待推进①,这是一项重要的教育研究与实践,其旨在探究教育中艺术教育的重要性,以及如何在课程中融入艺术。这项研究涉及多个方面,如艺术教育的哲学基础、艺术教育的教学方法、艺术教育与其他学科的结合等。在美育课程研究中,首先需要明确的是教育目标,即通过艺术教育实现什么样的教育效果;然后需要研究适合不同年龄段学生的艺术教育教学方法,包括视觉艺术、音乐、戏剧和舞蹈等艺术形式;此外,还需要研究艺术教育与其他学科的整合方式,为学生提供更全面的学习体验。美育课程的实施,需要专业的师资和教学资源。教师需要具备专业的艺术教育知识和技能,同时也需要有探究精神和创新思维。学校也需要投入足够的教学资源,如艺术教室、器材、图书等,以满足学生的学习需求。总之,美育课程研究的重点是为学生提供全面的学习体验,让他们不仅在学习中获得知识,还能够发展自己的审美能力和创造力。

第四节 学校美育的现实任务与基本目标

一、学校美育的现实任务

中国传统文化特别重视美育在教育中的作用及意义,中国古代教育的

---

① 杨珏. 小学美育校本课程的开发研究[D]. 上海师范大学,2018.

"六艺"中,美育占据两席。孔子在《论语·里仁》中也提出了"里仁为美",强调美善共生,美与德是高度统一的。在"五育融合"体系下,学校的美育建设尤其注重与德智体劳这四育的相互渗透、相互融合。其美育建设的出发点是激发学生对自然美与人格美的追求,强调美育的精神性而非功利性。

《小学教育学》指出,美育教育"要使全部教育活动成为美育事业的组成部分,教育活动本身要努力做到审美化"[1]。美育教育是一个庞大的系统工程,不是仅仅依赖艺术课程就能够完成的,艺术课程只是引导学生审美教育的直接途径。《小学教育学》对美育教育提出了4个任务:"培养和提高学生感受美、鉴赏美、表现美和创造美、追求人生趣味和理想境界的能力。"[2] 从当前小学美育的要求与任务来看,学校美育应立足新时代中国特色社会主义大美育观,构建新的学校大美育体系。

党的十九大报告提出,要全面贯彻党的教育方针,落实立德树人根本任务,发展素质教育,推进教育公平,培养德智体美全面发展的社会主义建设者和接班人。中共中央办公厅、国务院办公厅印发的《关于全面加强和改进新时代学校美育工作的意见》(以下简称《意见》)提出学校美育的指导思想:以习近平新时代中国特色社会主义思想为指导,全面贯彻党的教育方针,坚持社会主义办学方向,以立德树人为根本,以社会主义核心价值观为引领,以提高学生审美和人文素养为目标,弘扬中华美育精神,以美育人、以美化人、以美培元,把美育纳入各级各类学校人才培养全过程,贯穿学校教育各学段,培养德智体美劳全面发展的社会主义建设者和接班人。由美至善,美善合一,以美育人,以美育德,引导和提升受教者欣赏美及创造美的能力,树立正确价值观、人生观、世界观,建立崇高的理想和信念,是构建新时代中国特色美育新格局的重要途径。把美育摆在优先发展战略地位,是学校教育的重要工作。

如何实现美育功能和完成时代使命?不同的学者提出了不同的建议[3][4][5]。例如,赵伶俐[6][7]认为,关键在于美育课程建设与课堂教学的改进。开齐、开足,上好国家规定的音乐、美术课程;开设丰富多样的美育学科渗透课程、美育综合课程、校园文化课程等,基于信息化、人工智能等,以大美育、大教

---

[1] 黄济,劳凯声,檀传宝. 小学教育学 [M]. 北京:人民教育出版社,1999.
[2] 同上.
[3] 何玲. 美育共同体:内涵、特征及时代使命 [J]. 教育理论与实践,2020,40 (25):8-12.
[4] 万丽君. 新时代学校美育工作的新使命与新任务 [J]. 中国教师,2020 (2):5-8.
[5] 王俊,余虹. 论美育哲学的当代使命 [J]. 求索,2009 (3):103-105.
[6] 赵伶俐. 新时代美育的使命与实践方略 [J]. 人民教育,2019 (6):55-59.
[7] 赵伶俐. 新时代美育的价值与使命 [J]. 中国德育,2021 (6):1.

学、大课堂、大平台观念开创形式多样的美育教学方法，构建科学的艺术素质测评和美育质量测评体系。

新时代背景下，学校美育的现实任务具体包括4个方面。

（一）以美育美

当前，美育的首要任务是恢复人们对美的认识能力与创造能力，也就是"以美育美"。鞠玉翠曾谈到"立美教育"，指出重视日常生活实践中的立美与审美体验，可大大活化和拓展对美育乃至教育的理解。以美育美，是对美的元认知教育。美育最终是为了人格健全、社会和谐和教育系统的全面性，学校美育最基本的任务是要培养大众的审美能力，提升全社会的审美标准。

（二）以美育人

在美育研究史中，学者们最强调美育对人的道德和人格的影响。"五育融合"体系下的美育，不仅是强调美育不可或缺的地位，更重要的是必须把美育和德智体劳四育相互融合，同步前行，促进学生的全面发展。任何贬低、削弱乃至取消美育的行为，都是违反教育规律的。学校教育应形成以美润德、以美激智、以美益劳、以美健体的育人成效。

（三）以美促教

我国的学校教育大多以智育为主要形式，而美育是通过艺术形式认识客观世界的，具有形象性。总之，教育的形式异彩纷呈，不再仅仅是知识的获取，更是审美情感的化育和熏陶。

（四）以美创新

未来的社会是创新能力与科技实力的比拼，而灵活的思维与丰富的想象力是创新必不可少的要素。学校为未来社会培养人才，就必须适应时代的要求，开创多种育人途径。而美育就是一种特别的途径，它通过培养学生的审美意识、审美能力，使学生在学习中发现美、欣赏美，从而将智力因素与审美因素在培养过程中有机融合，为创新能力的培养奠定基础。

二、学校美育的基本目标

美育是"五育融合"的重要组成部分，与德育、智育、体育、劳动教育相互促进，具有以美寓德、以美启智、以美促劳、以美育美的特殊价值和功能①。

新时代中小学美育课程的主要目标分为3个维度。一是要培育学生的想象力和创造意识；二是要涵养学生的审美兴趣和审美精神；三是要提升学生发现美、鉴赏美与创造美的能力。

新时代学校教育要做好"培根铸魂"的工作，必须深刻认识美育的战略地位和美育育人价值，将美育作为一个重要的抓手，将美学原则渗透于各科教学。现在乃至今后，教育系统都需要不断加强美育工作，增强责任感、使命感，构建大美育格局。让美育成为人人都要学习的必修课，打造英雄故事大家讲、励志剧目大家演等特色，用各类美育艺术实践，探索出同向同行、互融互通、共建共享的"美育思政"育人模式，让每个学生真正参与到美育实践中去，亲身感受美给人的体验及美育带给个人思想的变化②。

第五节 学校美育的现状与发展趋势

一、中国首份美育研究报告研究概述

2022年11月，华东师范大学终身教授袁振国发布了由东钱湖教育研究院推出的《中国美育发展研究报告（2020—2022）》，这是中央关于进一步加强美育文件发布以来的首个美育研究报告③。

这份报告是中央关于进一步加强美育文件发布以来的首个美育研究报告。该报告力图全面呈现我国各地政府美育工作的成就和进展，剖析美育工作的热点难点问题，凝练萃取近年来基层美育创新实践的典型案例。

（一）该报告总结了各地加强和改进美育的具体措施

（1）建立"面向人人"的美育机制。

（2）壮大美育师资队伍。

---

① 张志强. 学校美育在弘扬中华美育精神上的价值目标与践行路径 [J]. 美术，2021 (3)：134 - 135.

② 赵伶俐. 以目标与课程为支点的美育质量测评——为了有效实施《国务院办公厅关于全面加强和改进学校美育工作的意见》[J]. 华东师范大学学报（教育科学版），2017，35 (5)：87 - 99，161.

③ 张惠娟. 我国美育教育迎来春天 [N]. 人民政协报，2022 - 12 - 07 (011).

(3) 保障学校美育场地设施。
(4) 课程设置重视学科融合。
(5) 教材体系呈现立体形态。
(6) 互联网＋美育。
(7) 开展艺术实践活动。
(8) 统筹资源促进美育发展。
(9) 区域地理和人文融入美育课堂。
(10) "软要求"与"硬指标"结合。
(11) 文学艺术家积极参与学校美育。
(12) 各级文联深入校园精心"播种文艺"。

（二）该报告呈现了美育学术和实践研究的成果与热点

《意见》发布后的3年时间里，中国美育研究产出了丰硕的研究成果，其中，发表于各类期刊、报纸等处以美育为主题的论文达11868篇（截至2022年10月20日），其中硕博论文1124篇、出版美育著作12部。课题组对2020—2022年的美育研究成果进行初步的梳理和概括，根据图表归纳的方法，产生了美育理论、美育政策、大美育、美学与美育、学校美育、艺术教育、双减与美育、美育方法、美育课程、课程美育、德育与美育、美育师资、以美育人、生活美育、生态美育、审美与美育、美育话语体系、美育评价、乡村振兴与美育、数字化美育、中华美育精神、公共美育、创造美这23个热词，试图呈现出3年时间里中国美育研究的概貌和特征。

对关键词的热度进行排行比对后，发现"双减与美育""乡村振兴与美育""数字化美育"的增长势头很猛，在增长热度排行榜上位列前三。"美育方法""美育评价""美育话语体系""美育政策"以及"美育师资"都有很高的热度呈现。相比较上述高热度的关键词，"美学与美育""艺术教育"和"创造美"这3个关键词的热度并不高，尤其是"艺术教育"的学术研究成果增量并不高，"创造美"直接呈现出负增长势头。学术界的关键词热度排行榜，比较准确地阐述了当前和今后一段时期美育发展重点和趋势。关注学术关键词热度排行，无论是热度增加、持平还是降低，都是时代发展的必然，与立德树人的教育导向有关，更与高质量发展、办人民满意的教育有紧密的联系。

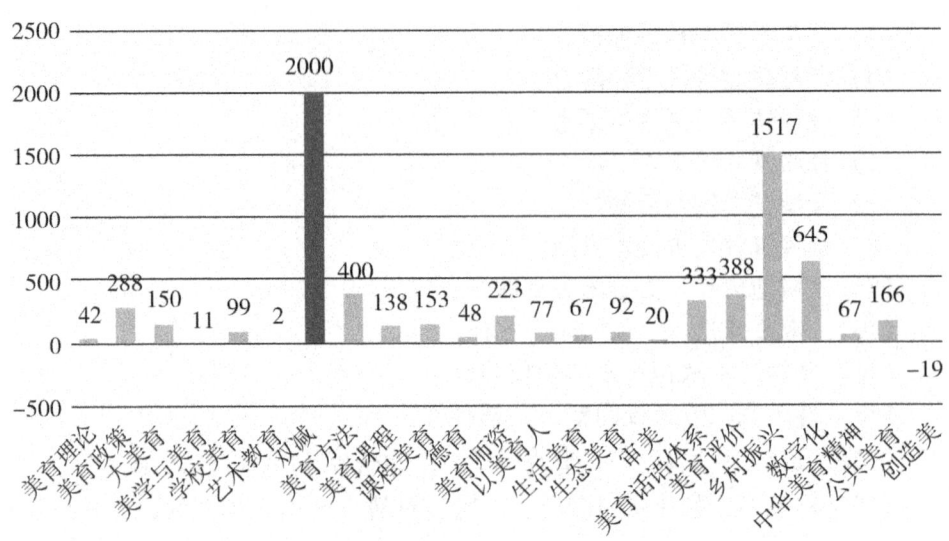

图1-1 2020—2022年美育研究热词热度比较值统计

在美育重大课题方面，3年来，国家社科基金重大项目、教育学项目和艺术学项目与"美育"相关的立项共计17项。从2020年的2项到2021年的9项，再到2022年的6项（不含重大项目），处于逐年上升趋势。

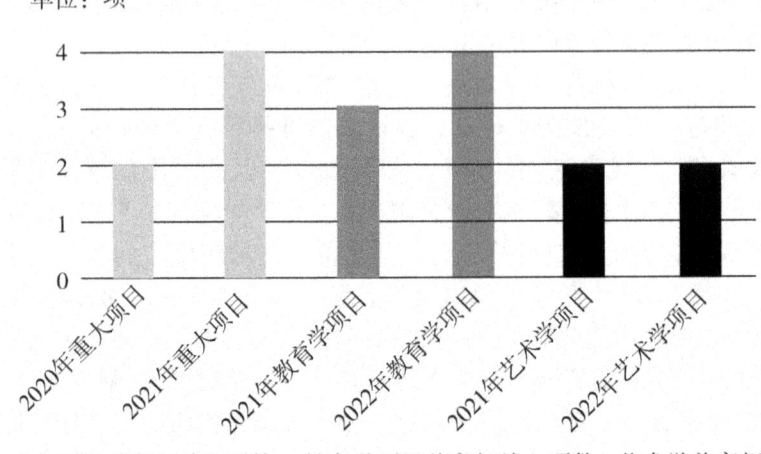

数据来源：全国哲学社会科学工作办公室通知公告（截至2022年11月20日）

图1-2 3年来国家社科基金项目美育相关项目情况统计

(三) 该报告指出了美育面临的现实难题

近年来，中国的学校美育事业蓬勃发展，取得了一系列的瞩目成绩。但是，加强和改进学校美育工作还存在着长期性、复杂性、差异性、艰巨性和不均衡性，难免还存在着一些问题和不足，比如少数区域的幼儿园和中小学美育资源匮乏、部分学校美育环境欠佳、部分师生对美育的认知狭隘、极少地区的美育经费缺乏以及美育课程相对边缘、少数学校的美育教学方法单一等一系列问题，追根溯源，与教育价值取向的功利性、美育价值的狭隘认知、美育资源的分配、美育评价的科学性等有关。

二、学校美育课程建设存在的问题

近年来，经过各方的共同努力，学校美育取得了较大进展，对提高学生审美与人文素养、促进学生全面发展发挥了重要作用。但总体上看，美育仍是整个教育事业中较为薄弱的环节[①]，主要原因是一些地方和学校对美育的育人功能认识不足，重应试轻素养、重少数轻全体、重比赛轻普及，应付、挤占美育课的现象仍然存在，资源配置不达标，师资队伍力量不足，缺乏统筹整合的协同推进机制，等等。

教育事业是一项与时俱进的事业，需要广大教育工作者及时发现教育中的问题，不断调整育人策略，才能有效地培养能满足时代需求的人。旧有的美育教育在很多方面已不能适应时代和社会的发展需求，因此，发现、总结学校美育教育中存在的问题，是能够有针对性地形成并完善相应的美育教育体系的基础。

(一) 美育机会不均等

目前学校艺术教师的配置只能满足常规教学需要，美育资源不足造成只有少数"优秀生"获得舞台艺术展示机会的局面，是学校美育难以全面落实"面向人人"的教育公平任务的主因。另外，地处深圳特区外的建安小学2020年前有70%以上、原村办安乐小学目前仍有50%以上学生是外来务工人员子女，重智育、轻美育的陈旧观念普遍存在，且家长忙于生计更无暇顾及孩子审美教育的问题，因此，创造更多机会满足这类学生个性化成长需求的任务更加紧迫。

---

① 张瑜. 美育与实践、自由关系初探——对当前美育中存在的若干问题的反思 [J]. 上海文化，2021 (4)：5-10, 45.

（二）将美育等同于艺术教育

艺术教育是学校实施美育的核心内容和主要途径，因此不少人将美育直接等同于艺术教育。但美育不等于艺术教育，而是教育的一项基本育人目标，是所有教育内容和教学课程都不可或缺的有机组成部分。美育的最重要的目标之一是面向每一位受教育者，培育具有审美和人文素养的高素质公民。

受长期以来应试教育的影响，学校美育的育人价值常着眼于名利，或为艺术领域培养、输送专门人才，在美育实践中存在着单纯专业主义、轻视或忽视育人功能现象。从整体上看，当前学校美育并没有显示出美育的特点，而是一味地模仿专业艺术教育，知识与技能化取向十分明显。有些学校和家长为了给学生升学时创造一些有利条件，片面强化音乐和美术等技能训练，知识与技能的掌握成了美育的主要目标，学生人文和审美素养几乎被枯燥的知识学习与技能训练完全取代。

（三）美育与各学科课程融合度不足

一方面，美育教师对美育课程的育人功能认识有偏差，认为美育教学就是教会学生掌握艺术知识与技能，对于美育对其他各育的积极促进作用缺乏深入认知，导致美育功能被弱化。另一方面，各学科教师普遍缺乏学科融合理念，较少挖掘学科中美育的内容和资源从而进行有机的学科融合，导致对学生的整体素质、综合素养存在割裂培养的问题。蔡元培先生指出："凡是学校所有的课程，都没有与美育无关的。"每一门学科都有它的美，例如，数学学科中的黄金比例是对数学美、逻辑美的一种诠释和体现，音乐课堂中的雨声节奏亦是对自然美、韵律美的一种表达。

（四）个性发展不充分

在大班教学现实背景下，一方面，学校美育学科的教学内容更多关注的是本学科知识技能的共性内容学习，忽略了学生综合素养、优势智能的培养，特别是忽略了学生创新能力、健康个性的培养，缺乏满足学生个性化知识与技能学习需求的内容。不同的学生有不同的学习兴趣，但由于美育教学内容的固化，学生的兴趣点得不到激发，自身的潜能优势得不到培育与发展，甚至可能被慢慢磨灭。另一方面，学校美育学科的教学方式是面向全体学生进行教学，很难做到因材施教，对于每个学生的潜能与个性发展需求难以提供足够的关注与平台，满足不了学生个性发展的需求。

（五）评价体系不完善

美育是一门综合性与实践性的学科，这就决定了美育评价应站在人文学科的立场上，摆脱标准化测验的束缚，探索更加适合学科自身的质性评价方式，建立健全美育评价体系。但长期以来，我国美育评价制度不够完善、评价体系不够健全、对评价的重视度不高、评价方式落后，造成美育没有达到预期的效果。近年来，教育部多次颁布相关文件以推进中小学美育评价工作的改进。然而，我国美育的评价仍以艺术教育评价为主，还远远无法满足美育事业发展的需求。由于应试教育"深入人心"，所以学校对学生的评价均以智育为主，陷入重成绩轻素养的误区，对美育评价不够重视。并且评价方式也较为单一，以传统的分数评价也就是终结性评价为主，通常是教师对学生的单向度评价，缺少学生的自评与互评。重结果轻过程，忽视学生的审美需求与美感体验，从而影响了美育的教学质量。

三、学校美育课程建设的发展趋势

有国内学者对1990—2022年中国美育研究发展状况进行分析，研究显示：①美育的研究主要集中在理论研究，研究论题主要包括美育的界定、本质、性质和作用，中外美育思想，美育在素质教育中的作用，高校艺术教育；②美育实施的研究较少，主要集中在高校艺术类课程如何实施美育方面，中小学美育实施的途径研究则较少，有的案例只是对一个学校的校本课程和活动进行介绍；③美育研究的发展呈现出多角度、多层面化的趋势并有由理论研究向实践研究深化的趋势。

国内学者谢翌、赵方霞在《美育课程价值取向的百年嬗变：课程标准的视角》一文中提出：要超越狭隘的以美的知识与技能为主旨的小美育，走向关注美的素养的大美育；超越艺术学科育美的定位，构建立体化、全方位的美育格局；超越特长本位的美育课程定位，回归"全人化取向"的美育课程建设[1]。

国内学者欧阳修俊、林艳萍在《全面发展视域下小学美育课程实施的挑战与应对》一文中总结：建构科学化小学美育课程体系，推进整合性美育课程实践，构建发展性美育课程评价机制是推动小学美育课程走向完整充分、和谐健康、自由多元的可能路径[2]。

基于上述分析，学校美育研究需要关注课程建设的理论和实践问题。随着

---

[1] 谢翌，赵方霞. 美育课程价值取向的百年嬗变：课程标准的视角[J]. 课程. 教材. 教法, 2020, 40 (2): 27-34.
[2] 欧阳修俊, 林艳萍. 全面发展视域下小学美育课程实施的挑战与应对[J]. 教育导刊, 2020 (12): 75-80.

教育体制改革的不断深入，小学美育课程建设也越来越受到人们的关注。需要综合国内外近年来与小学美育课程建设相关的研究成果，分析其发展趋势和存在问题，并提出了建设小学美育课程的对策措施。美育是培养学生多方面综合素质和良好品德的重要途径之一。小学美育课程建设具有重要意义，不仅可以加强学生的审美教育，还可以培养学生的自我表达能力和团队协作精神，提高学生的创新思维水平。因此，小学美育课程建设一直是教育界的重要研究领域。

小学美育课程建设的发展趋势如下：

（1）艺术形式丰富化。近年来，小学美育课程建设已经从简单的绘画课程向多元化的艺术形式发展。例如，音乐课程和舞蹈课程的推广，有助于培养学生的音乐鉴赏能力和动手能力。通过综合艺术课程，学生能够更好地理解艺术的内涵，同时也能够更好地实践自己的想象力和创造力。

（2）教学内容更新。随着时代的变迁，传统的美术教育已经不能满足现代学生的需求，因此小学美育课程建设需要随之进一步更新。例如，数字艺术和网络艺术等新兴的艺术形式也需要被纳入小学美育课程中，以满足学生的学习需求。

（3）课程教学方式转变。传统的美术教学通常是老师讲解、学生模仿，难以激发学生的创造力和想象力。因此，小学美育课程建设需要倡导"学生为主、教师为辅"的教学方式，从而更好地发挥学生的主体性和创造性。

第二章 学校美育文化生态体系的理论基础

第一节 文化生态与学校文化生态

一、文化生态的内涵与特征

（一）文化生态的概念与内涵

文化生态理论是借用生态学的概念、理论、观点和方法研究文化现象的理论[①]。随着人类社会生态文明时代的到来，文化生态已经逐渐演变为一种世界观和方法论[②]。

1955年，文化生态学的正式诞生，其标志是美国学者朱利安·斯图尔德（Julian Steward）发表的文化变迁理论（Theory of Culture Change），他阐述了文化生态学的基本理念，即"解释那些具有不同地方特色的独特的文化形貌和模式的起源"。最初的文化生态学主要讨论人类文化与其所处的自然环境的关系。到了20世纪80年代，系统论开始应用于文化生态研究领域，将文化和生态环境纳入同一生态系统进行考察，使文化生态研究趋于科学化和系统化。20世纪90年代以后，随着社会经济发展和信息技术的广泛应用，文化生态研究的主体和研究领域更趋多元化。哲学、政治学、经济学、社会学、教育学等各领域的学者都开始关注文化生态研究，并将其应用于自身领域，为文化生态研究开启了新的视角。尽管文化生态的研究越来越科学和完善，但其基本观点一直保持未变，即探讨人类文化与生存环境之间的关系，从而对人类文化进行

[①] 叶澜. 试论当代中国学校文化建设[J]. 教育发展研究，2006（15）：1-10.
[②] 周培植. 好的教育：区域教育生态理论的研究与实践[M]. 北京：教育科学出版社，2013

历史的阐释，并以此为基础探索人类文化的发展方向，改善和提升人类的生存际遇。

文化生态作为一个与自然生态相对应的概念，泛指一个组织中文化与外部环境之间，以及文化各要素之间的相互影响、相互作用、相互制约的方式和状态。生态文化是一种人、自然、社会和谐一致、动态平衡的文化，将生态文化融入小学美育教育中，不仅可以更好地传播生态文化价值、实现学校美育的创新发展，还能够引导学生在美育作品中发现简约、淳朴的生态美，运用生态眼光寻找艺术之美，对提高学生的审美情趣、理解能力具有深远意义。文化生态有利于提高学校美育的功能性，它的出现在全球范围内改变了人类社会实践中"以人为中心"的价值观。

学者王玉德在《生态文化与文化生态辨析》一文中提道：在21世纪，"生态文化"越来越成为一个出现频率很高的名词①。然而，人们往往把生态文化与文化生态混为一谈②。生态文化学与文化生态学的主要区别在于：①侧重点不同。前者以生态为核心，更多关心的是生态；后者以文化为核心，更多关心的是文化。②文化生态学研究文化的生态背景——文化环境，文化生态学强调文化的条件，其任务在于把握文化生存与文化环境的联系；文化环境包括由人们的物质生产活动、人与人之间的物质关系等构成的物质生活环境和由语言、思想、观点、理论、制度、伦理、风俗、文学艺术、大众传播等构成的精神生活环境；文化环境体现了各种社会关系的群体构成。

(二) 文化生态的显著特征

对文化生态的内涵，不同的研究者虽然有不同的理解，但对文化生态的特征研究者们的观点比较一致。文化生态强调各种文化之间及其与环境的互动，大致具有3个最重要的特征：

(1) 整体性。整体性是把握文化生态系统的前提。文化生态系统是一个由相关要素构成的整体，各要素之间普遍联系、相互作用。文化生态系统这个整体可以存在不同的层级结构，大系统之中有子系统。整体系统内的各要素、子系统都是必需的，每一部分都有自己的功能和作用，整体系统通过对各部分进行有效运作，最大限度地发挥各自的不同功能，最大化地通过相互作用，最终系统的功能和能实现的效果远远超过各部分的功能或能实现的效果相加之和。

(2) 主体性。主体性是文化生态系统必有的特征之一，是文化生态系统

---

① 王玉德. 生态文化与文化生态辨析[J]. 生态文化，2003 (1)：6-7, 16.
② 高建明. 论生态文化与文化生态[J]. 系统辩证学学报，2005 (3)：82-85.

与自然系统的根本区别。文化生态是一定时代的人在某种主观行为下的结果，体现的是特定时代的人的价值追求。当主体充分发挥自我调节、自我发展的作用，就能形成一个能够自主发展且有生机活力的文化生态。事实上，任何一个生态系统都是有生命活力的系统。

（3）关联性。文化生态系统作为一个整体性的存在，其内部与外部、内部与内部各要素之间必然都存在某种有机的关联，文化生态的存在和发展也是在这种关联中实现的。文化生态系统中所有的要素都是联系在一起的，彼此之间相互依赖、相互作用，始终处于动态联系之中，既不断地通过与外界环境进行物质信息的交换，从而影响文化系统的发展，又通过自身的提升优化所处的环境，对所处环境产生积极影响。

二、学校文化生态的内涵与特征

（一）学校文化生态的概念与内涵

文化生态是一个组织在发展过程中自觉或不自觉沉淀下来的结果呈现，故此，它构成了一个组织生存与发展的内核。从管理学角度而言，学校也是一个组织，从文化生态的视角来看，学校也是一个文化生态系统。1987年，华盛顿大学教授古德莱德提出"学校是一个文化生态系统"的观点，强调从管理角度统筹各类生态因子，以建立一个健康的生态系统，提高学校办学效益。随着我国基础教育改革的不断推进，越来越多的学校管理者意识到，学校要实现整体转型，实现办学质量的高效提升，最根本的是文化生态的变革。以文化生态作为方法论的学校变革，不是在传统教育模式的框架内进行的枝节性的改变，而是一种系统性、体系性的变革，是对学校整体样态的重塑与改造[1]。

从文化生态的概念出发，学校文化生态是学校中各文化要素之间相互影响、相互作用、相互制约的方式和状态。国内学者徐书业[2][3][4]认为，学校文化生态系统由教育范式、教育理想、组织规范、活动形态、学校文化精神、物质支持系统所构成的具有层次性、结构性的整体系统[5]。其中，教育范式规定着一个时代学校文化生态的范型，规导着学校文化精神建构的方向；教育理想在

---

[1] 闵正威. 学校文化的生态意蕴及其意义探析 [J]. 中国教师, 2009, (13): 51-53.
[2] 徐书业. 学校文化的行业个性 [J]. 基础教育研究, 2010 (19): 16-18.
[3] 徐书业. 学校文化的生态本性 [J]. 基础教育研究, 2010 (17): 19-21.
[4] 徐书业. 学校文化的特性探析 [J]. 基础教育研究, 2010 (15): 19-21.
[5] 徐书业. 学校文化的地位和作用 [J]. 基础教育研究, 2010 (13): 19-22.

整个结构中具有承上启下的作用,是教育范式在价值方面的具体化;组织规范、活动形态和学校文化精神体现了学校文化生态的丰富性、具体性和生动性,是师生生存方式的写照;物质支持系统体现为政府的投入支持、技术发展水平等。

(二) 学校文化生态的基本特征

学校文化生态的基本特征体现在以下方面:

1. 整体关联性

美国学者古德莱德认为,学校教育的生态模式主要涉及的是学校这一环境中的相互作用、联系和依承关系,认为生态观是审查和改进学校教育的有效理论模式。他将这种观点运用于教育实践,与学生在共同生活中建立了一个健康的生态系统,"这个系统既使系统内的人感到满足,又得到周围文化的认可"。

学校文化生态系统整体与组成要素之间、要素与要素之间、系统整体与环境之间,通过相互联系、相互作用、相互制约,从而形成有机的整体。由于系统和各要素、各部分是协同作用的,因此这个整体中各要素、各层次的变化都会引起系统的整体反应。以学校课程文化为例,课程文化包含课程理念、课程标准、课程内容、课程活动和课程评价等要素,其中任一要素发生变化,就会引起其他要素的变化,从而带动整个课程文化的改变。课程文化又是学校文化生态系统的组成部分,这一部分发生的变化又会带动课堂教学方式、学生学习方式、学校活动形态等部分的相应变革。

2. 互动共生性

共生是生物在长期进化过程中逐渐形成的与其他生物联合、共同适应环境的生物与生物之间的相互关系。从生态学的角度而言,共生是生物之间基于生命生存的互利关系。共生理念在现代生态学、哲学、经济学等领域中已超越了纯生物学的范畴。

学校文化生态系统中,互动共生体现的是学校师生生命发展的内在机制,能同步提升师生的生存价值和生存质量[1]。

学校生活中的互动共生,首先要尊重差异性,没有个性和差异就不存在所谓的共生。长期以来,学校教育片面强调同一性,忽视了差异性,教学大纲、课程、教材、评价标准等都是统一的,甚至连课堂上教师的提问都有预设好的标准答案。这种只重视统一性而忽略差异性的教育,由于失去了互动共生的发展机制,使教学成为单向的知识传递,教育也因而失去了生成与创造的活力。只有在互动共生的学校文化生态中,教师与教师、教师与学生、学生与学生之

---

[1] 余清臣,沈芸. 论学校文化生态系统[J]. 教育发展研究,2005(20):83-86.

间由于存在双向、多元的交往和互动,会使对话、理解成为现实,师生的发展才有可能充分实现。

学校生活中的互动共生,还要强调生成性。生成性思维是现代哲学的基本精神和思维方式。其特征是:"重过程而非本质,重关系而非实体,重创造而反预设,重差异而反中心,重非理性而反工具理性,重具体而反抽象主义。"

学校文化生态中的互动共生,是"整一的、有机的"。如在课堂教学中,通过师生之间、生生之间双向、多元的良性互动,能打破传统课堂的高度计划性和确定性,使课堂变得令人愉悦、灵活,从而使学生的智慧得以激发,品性得以发展。学生的成果会进一步激励教师更加积极地投入教学科研,使教师得以不断发展。这种师生间智慧的相互激荡、情感的相互渗透,又会使教学内容成为师生共同探索的资源库,使教学资源的潜能在耦合中充分实现。

3. 生命特性

生命是生态的主体。19 世纪 70 年代,恩格斯曾经给生命下过定义:"生命是蛋白体的存在方式,这种存在方式本质上就在于这些蛋白体的化学组成部分的不断的自我更新。"人和一切自然生命是相同的,但人的生命却有着丰富内涵,人的更深刻、更高级的生命本质是人对于生命意义的追求,以及为此而进行的物质和精神的实践活动①。

学校文化生态的生命特性,即是以人的生命的文化本性为依据,并具体落实于学校文化生态对师生生命发展的独特作用上。学校是师生共同生活的场所,对学生而言,基础教育阶段是其智力、人格、社会性等生命发展的关键期;对教师而言,学校是其以毕生精力投入的地方,职业生命与自身生命发展融为一体。因此,学校生活质量决定了师生的生命发展水平与生命质量。学校文化生态的生命特性告诉我们:教育的变革和发展要以人为本,为生命的潜能发挥和价值追求创造条件。

和谐共生、良性发展的学校文化生态关注人的生命,尊重生命的多样性和个体的差异性,为转变师生的生存方式、实现生命主动生长、提升学校文化自觉搭建平台。

(三)学校文化生态体系的构成要素

学校文化生态体系是学校运转过程中一系列生态文化要素的组合,主要包括以下几个方面:

1. 教师文化

教师文化是学校文化生态体系中最重要的一部分,它直接关系到学生的思

---

① 贻仁. 关于恩格斯的生命定义的再探讨 [J]. 文史哲, 1989 (6): 32 - 36.

想品德、知识水平和道德素质等方面的形成。因此，教师文化的建设应注重教师的业务能力提升、思想政治素质提高以及职业道德养成等方面的全面发展。

2. 学生文化

学生文化是学校文化生态体系中的另一个重要部分，它是学校教育的主要目标之一，其主要表现为学生的思想品德、知识水平和道德素质等方面的全面提升。

3. 管理文化

管理文化是学校文化生态体系中的一项重要内容，它主要包括学校管理制度、管理理念、管理文化等各个方面。优秀的管理文化可以带动学校整体的发展，提高教育教学质量，增强学校的核心竞争力。

(四) 学校文化生态体系建设的策略与路径

学校文化生态体系建设是当前国内外教育界关注的热点问题之一。随着社会经济、科技和文化的快速发展，人们对于教育的需求也日益增长，使得学校教育在不断改革和创新中迈向了一个新的高度。而作为教育的基础和起点，学校文化生态体系建设则成为支撑和推动学校教育发展的关键因素。学校文化生态体系建设需要注重整体性、差异性和可持续性，并采取多元化的策略和路径进行推进。[①]

1. 建立科学的评估体系

学校文化生态体系的建设离不开科学的评估体系。评估体系应该具有科学性、权威性、客观性和实用性等特点，能够全面反映学校文化生态体系的建设情况，评估结果能够为学校后续的发展提供参考。

2. 注重教育教学质量的提升

教育教学质量是学校文化生态体系建设的核心。学校应该注重通过提高教师的教育教学能力、完善教学管理体系、优化教学资源配置等多种途径来提升教育教学质量。

3. 加强文化交流与融合

学校文化生态体系的建设需要注重文化交流与融合，倡导多元文化的共存和交流，以激发学生的创新精神和探究精神。

4. 鼓励多元化发展

多元化的发展是学校文化生态体系建设的必要条件之一。学校应该尽可能地满足学生的个性化需求，丰富学校文化内涵，从而激发学生的学习兴趣和探究精神。

---

① 余清臣，沈芸. 论学校文化生态系统 [J]. 教育发展研究，2005 (20)：83 - 86.

第二章 学校美育文化生态体系的理论基础

（五）学校文化生态体系建设的评估方法

学校文化生态体系建设的评估方法主要包括定性和定量两种方法，注重对不同方面的综合评价，以促进学校文化生态体系建设的持续优化。

定性评价方法主要是通过对学校文化生态体系中各个要素进行描述和分析，得出学校文化生态体系建设的总体发展情况。其中包括对教师文化、学生文化和管理文化等方面的评价。

定量评价方法主要是通过制定一系列评估指标和评价标准，对学校文化生态体系的建设情况进行具体的量化评估。其中包括对教师文化、学生文化和管理文化等方面的量化评价。

第二节 学校美育文化生态

一、学校美育文化生态的概念与内涵

学校美育文化生态是学校文化生态的子系统，是学校中美育各文化要素之间相互影响、相互作用、相互制约的方式和状态。学校美育文化生态系统是由美育理念、美育目标、育人模式、课程形态、师资结构、美育资源等所构成的整体系统。

美育文化生态是人类通过对美的理解、认知和创造，与自然环境、社会环境和文化环境建立和谐共处的艺术教育活动和文化传承。它是以人文关怀和道德观念为基础的综合性教育体系，旨在培养学生成为具有美感和艺术修养的现代公民，同时促进生态与文化的可持续发展。

美育文化生态的内涵主要包括以下几个方面：一是注重人与环境的协调发展，强调保护环境和资源，培养学生的环保意识和责任感；二是追求个性与社会发展的统一，强调发挥每个人的潜能和特长，实现个性化发展和社会价值的结合；三是推崇多元文化的交流与融合，强调尊重和欣赏不同文化之间的差异和价值，促进文明对话和和谐发展。

二、学校美育文化生态的研究内容与存在问题

美育文化生态是现代教育发展的重要方向之一，国内外关于学校美育文化

生态研究主要集中在以下几个方面：

（1）美育教育模式的创新。国内外有很多学者针对传统美育教育模式存在的问题，探索了一些新的教育模式，如跨学科教育、多元智能教育、情感教育等。

（2）生态环境保护教育的实践。许多学校通过组织各种形式的活动，如义务植树、环保手抄报比赛、绿化校园等，培养学生对环境保护的意识和责任感。

（3）文化多样性的研究。学者们探讨了不同文化之间的交流和融合，尤其是少数民族文化的保护和传承，提出了许多切实可行的措施和方法。

尽管学校美育文化生态研究已经取得了一定的成果，但仍然存在一些问题和不足：

（1）研究方向单一。大部分研究围绕教育模式、教育方式等方面展开，缺乏深入的理论探究和实证研究。

（2）研究内容狭窄。研究主要局限于美育、生态和文化单一或两两结合的层面，缺乏对三者整体性的认识和研究。

（3）研究方法单一。大部分研究采用问卷调查、访谈等传统的研究方法，缺乏多元化的研究方法和途径。

未来学校美育文化生态研究需要从以下几个方面展开：

（1）强调理论研究。加强理论研究的深度和广度，揭示学校美育文化生态的内在联系和本质特征，提高研究的科学性和严谨性。

（2）探索多元化的研究方法。采用创新的研究方法和技术手段，如数据挖掘、虚拟现实等，拓展研究路径和视野。

（3）建立多学科联合研究机制。促进美育、生态和文化领域的跨学科和综合性研究，培养跨界研究人才，为学校美育文化生态的全面发展提供智力支持。

简而言之，学校美育文化生态是当今教育发展的重要趋势，未来需要加强研究，建立完善的理论体系和实践机制，促进美育、生态和文化的良性互动和有机结合，为学生成长和社会发展做出更大的贡献。

三、学校美育文化生态的建设理念

基于新时代学校美育工作的总体目标和任务，结合学校文化生态的整体关联性、互动共生性、生命特性等基本属性，安乐小学明确落实学校美育文化生态的建设理念。

（一）美育面向人人

中国传统美育思想以儒家为主，对于塑造中华民族的美感素质、传承中华文化、维系民族文化生机有重要作用。但中国传统美育思想的基本目标是针对社会生活中的少数阶层个体，只能在少数人中施行，其审美生活在价值观上的狭隘与局限很明显。

叶朗说："美育的根本目的是使人去追求人性的完满，也就是学会体验人生，使自己感受到一个有意味的、有情趣的人生，对人生产生无限的爱恋、无限的喜悦，从而使自己的精神境界得到升华。从这个意义上来理解'人的全面发展'才符合美育的根本性质。"

社会是发展进步的，中华人民共和国的成立推翻了千年帝制，人民成为国家的主人，德、智、体、美、劳全面发展是国家的教育方针。新时代美育是马克思主义美育观在中国的特色实践，是培养全面发展的社会主义新人的重要途径，因此，面向人人是新时代美育的必然选择。作为基础教育的美育，要为提升每一个公民的整体素养服务，充分发达的审美力是成为社会主义新人必不可少的能力。

（二）美育连通课程

蔡元培认为，"凡是学校所有的课程，都没有与美育无关的"，"例如数学，仿佛是枯燥不过的了；但是美术上的比例、节奏，全是数的关系……几何的形式，是图案术所应用的。理化学似乎机械性了；但是声学与音乐，光学与色彩，密切的很。雄强的美，全是力的表示。"①②③ 蔡元培这种以学科美激发学生学习兴趣、将美育渗透于学科教学的思想在当代依然具有重要价值，是对美育本质的深刻认知。过去，教育注重的是知识的传授，随着教育改革的深入推进，教育更注重的是人的素养的全面提升，学科教学更注重综合教学的价值和意义，更注重知识的融合和人的素养的综合性培养，不同学科课程间的连接越来越多，学科课程的整合成为提升教学质量的重要方式。

美育能连通各学科课程，就在于美育的载体，除了艺术之外，自然美、科学美、社会美等都是美育的重要资源，而且各学科的教学形式、教学过程、课

---

① 王锋. 蔡元培"美育"思想的来源及对于当代教育实践意义的研究 [J]. 文化学刊，2023 (1)：181-184.
② 郭建荣. 蔡元培美育思想探析 [J]. 北京大学学报（哲学社会科学版），2008 (4)：26-35.
③ 赵惠霞. 美育与心灵家园建构——论蔡元培"以美育代宗教说"的当代意义 [J]. 哲学研究，2002 (9)：57-62.

堂样态等，都可以纳入审美范畴①。

（三）塑造学校品牌

学校作为一个组织，要有自己的文化特色。安乐小学的学校文化经过十余年的特色化发展，以文化立校，以特色兴校，走出了自己的品牌化发展之路。

美育是学校品牌发展的灵魂，"七彩舞台"是学校品牌的名片。以"七彩舞台"为阵地，安乐小学为每一名师生的发展创设平台，让每一名师生的个性充分发展。"人人都出彩"，出彩的人生是充满自信与光芒的人生。正是基于这种师生发展理念，"七彩舞台"这一阵地越来越坚实，越来越具感召力，走出了校门，走向了更宽阔的天地。

---

① 赵惠霞. 美育与心灵家园建构——论蔡元培"以美育代宗教说"的当代意义 [J]. 哲学研究，2002（9）：57-62.

第三章　学校美育文化生态体系的立体构建

　　学校美育文化生态系统是由美育理念、美育目标、育人模式、课程形态、师资结构、美育资源等所构成的整体系统。安乐小学美育文化生态体系的构建，是以"七彩舞台"美育活动课程为核心，牢牢把握美育在德智体美劳"五育"中的枢纽作用，融合学科课程，构建育人模型，创新育人模式，充分发挥家校社多方协同作用，逐渐形成学校特色美育文化生态体系，形成学校"五育并举"的发展格局，最终实现促进学生综合素养全面提升、个性特长充分发展的学校育人目标。

第一节　"七彩舞台"美育活动课程的学校溯源

　　作为项目主持人，笔者先后在深圳宝安两所学校任校长，倡导"以美育人，美育立校"的学校美育工作理念，把"七彩舞台"作为美育活动课程的重要载体。经过20年的探索实践，笔者提出了"面向人人，以美育人，个性阳光"课程理念，构建"一体两翼六引擎"美育课程育人模型，实现班班都唱戏、人人都登台，让每一个学生都出彩，促进学生全面发展。

一、"七彩舞台"美育活动课程建设的出发点

　　改革开放以来，随着经济快速发展，学校的美育工作得以丰富完善。学校美育课程的设置和师资配备能够满足普及教育的需求，但要满足学生优势智能发展的需要，培养学生的个性特长，显然是不足的，因此，学校美育课程建设的出发点主要是解决以下主要问题：

　　（1）解决美育机会不均等的问题。目前学校艺术教师的配置只能满足常规教学需要，美育资源不足造成只有少数"优秀生"获得舞台艺术展示机会

的局面，是学校美育难以全面落实"面向人人"的教育公平任务的主因。再者，地处深圳特区外的建安小学20年前有70%以上、原村办安乐小学目前仍有50%以上是务工子弟家庭，重智育轻美育的陈旧观念普遍存在，且家长忙于生计更无暇顾及孩子审美教育的问题。因此，创造更多机会满足这类学生个性化成长需求的任务更加紧迫。

（2）解决美育学科融合少的问题。教师对美育课程的育人功能认识有偏差，认为美育教学就是教会学生掌握艺术知识与技能，认识不到美育对其他四育的积极促进作用，较少挖掘其他学科美的内容和资源进而进行有机的学科融合，导致美育功能被弱化。

（3）解决个性发展不充分的问题。在大班教学现实背景下，学科课堂教学很难关注学生个性发展的需求，更多关注的是本学科知识技能的共性内容学习，忽略了学生综合素养、优势智能的培养，特别是忽略了学生创新能力、健康个性的培养。

基于以上思考，自2001年起，与新课改同时起步，同频共振，笔者从"每班一台戏"到"七彩舞台"，经历了20年的探索、提升和优化，形成"一体两翼六引擎"的育人模型。

二、"七彩舞台"美育活动课程建设的过程

（1）提出"人人都登台"方案，人人获得机会的需求得到满足（2001—2005年）。提出了以"班班都唱戏，人人都登台"为理念的"每班一台戏"综合实践课程解决方案。2001年9月30日，六年（2）班"小小艺术家"展演是重要标志。搭建班级舞台，确保全校每个学生每学年都能参加一次展示活动，保障每个学生享有参与特长展示的权利，基本形成"每班一台戏"的组织形式。

（2）构建"全方位协同育人"机制，使美育资源匮乏的问题得到破解（2005—2015年）。为解决每班一台戏活动开展中缺乏艺术指导老师的问题，制定"全方位协同育人"机制，把全校家长及相关的社会资源纳入课程建设队伍中来，组成家长义工队，指导孩子策划、创编活动，艺术教师匮乏的问题迎刃而解。建安小学家长义工队也成为宝安区一道靓丽风景线。2009年，基于"小学生个性发展教育环境研究"的"每班一台戏"课题获区级立项。"每班一台戏"成为建安小学的特色活动，据不完全统计，在14年内展演近600场次。

（3）构建"一体两翼六引擎"模型，全面提升学生审美素养（2015—

第三章 学校美育文化生态体系的立体构建

2018年）。2015年，笔者调至安乐小学任教，结合校情提出了以"面向人人，以美育人，个性阳光"为理念的"七彩舞台"美育活动课程建设方案，开启"每班一台戏"优化升级阶段，以"美育枢纽"和"三全育人"为两翼构建"一体两翼六引擎"育人模型，不断优化课程理念、机制和组织形式，并根据课程理念、实施建议和单元主题编写了《"七彩舞台"指导手册》。"培养个性化创新人才的小学综合实践活动校本课程实践研究——以深圳市宝安区安乐小学'七彩舞台'校本课程为例"获2020年广东省强师课题立项，更加系统科学地落实立德树人和湾区教育先行示范的根本任务，全面提升学生审美素养。6年来"七彩舞台"共计举办100多场，每场约1小时，每学年近2000名学生和10000多名家长参加，安小学子更加自信阳光。

（4）构建"远程互动+"推广模式，让更多学校学生受益（2018年至今）。随着课程育人模型的成熟，开始了应用推广检验工作，给实验学校免费赠送课程《指导手册》，采用"远程互动+实地考察+资源共享"等多种方式，高效解决课程实施的各种问题。现有湖南湘潭市人民小学和广东英德市第六小学等省内外10多所学校应用推广，成效明显。

第二节 "七彩舞台"美育活动课程体系构建

一、"七彩舞台"美育活动课程的价值取向与特点

"七彩舞台"美育活动课程是面向义务教育阶段普通小学，为全面提升学生综合素养、发展学生个性特长而设计开发的一门综合性、实践性的活动形态课程，是一场让学生演绎七彩童年、多彩个性的舞台课程。该课程设计初衷是让学生人人都能登上舞台，人人都能展示个性风采，人人都有彰显个人特长的机会，以促进学校教育特色化发展。

（一）课程的价值取向

在"七彩舞台"美育活动课程研发过程中①，要遵循以下3个价值取向。

---

① 赖香恒. 培养个性化创新人才的路径探索——以安乐小学"七彩舞台"综合实践活动课程为例［J］. 中小学班主任, 2021（10）：54-55, 59.

1. 尊重个性

该课程建构以尊重学生主体、培养良好个性和创新能力为前提，以"开放性、主体性和创造性"为原则。该课程具有很强的自主选择性，让学生成为课程的主人是尊重主体个性的重要任务；具有很强的创新性，是发展学生优势智能、创新能力的大平台，每个节目的创编，即使歌曲的演唱都是二度创作，每个节目的表演都是学生个性特长的充分展示。

2. 综合育人

一是学科综合育人，"美育枢纽、学科融合"是构建该课程的基本方式，舞台艺术具有强大的融合功能，挖掘（学科）美的元素，培养"美"的能力。美育成为"七彩舞台"综合各学科的"枢纽"，整合学科内容成为创编节目的主要方法，学科美的元素挖掘多少、课程之间融合程度高低是评价课程教学质量的重要标准，也是提升学生审美素养的重要保证。二是提升综合素养，舞台表演形式多样、内容丰富，发展学生多元智能、促进全面成长成为课程的主要任务。

3. 人人出彩

"全面发展、个性阳光"成为人人出彩的核心标准。提升审美素养，求真、向善、尚美是出彩；提升综合素养，多才多艺、全面发展是出彩；发展阳光个性，自信登台、展示特长、乐于创新是出彩。"人人登台都有赢"是学生们的行动准则。"有"是都能获得，但不一定是"满"，人人成功成为可能，鼓励学生登上舞台；"赢"是指每个学生课程学习的获得感、成就感和幸福感。展示特长收获掌声也有赢，同伴互助学会欣赏也有赢，编排节目学会创新更有赢，全面发展、个性阳光、人人都有赢。

（二）课程的主要特点

基于以上3个课程的价值取向，"七彩舞台"系列课程有3个突出特点：

（1）主体性。学生是活动的主体，在教育教学活动过程中处于主体地位。教师在教学活动中充分调动学生学习的积极性、主动性、创造性，使学生主动参与，充分张扬个性、展露才华，达到全面且有个性的发展。在"七彩舞台"系列课程实施过程中，从活动主题、内容、形式的确定到节目任务的分配，都体现这一原则，即从学生个性特长和学生的意愿出发，让学生在课程学习中找到乐趣，张扬个性，展示自我，在舞台上的表演更加阳光自信。如平时学科成绩平平的学生，能够流畅地弹奏出钢琴曲《致爱丽丝》；性格内向的学生，能够挑战高难度的相声小品表演；看似安静沉稳的学生，能够跳当下流行的鬼步舞、玩悠悠球。正因为该课程教学重视发挥学生的主体性，让学生在表演实践中建立自信，才能有一个个个性鲜明的学生出现。

（2）开放性。开放性主要体现在课程资源的开放、教学内容的开放、教学方式的开放、活动评价的开放。课程资源的开放性，指的是在开发课程资源方面，充分利用一切可以利用的校内、校外资源，包括学校、社区、家庭和教师、学生、家长等资源，这些资源的开发与利用极大地丰富了学校教育资源。教学内容的开放性，指的是课程的教学内容是综合的、丰富多彩的，只要是对学生的艺术审美、健全人格有促进作用的，并且为学生喜闻乐见的，都可以纳入课程中。教学方式的开放，指的是教师在组织教学时，可以根据教学目标和内容，根据教学的环境和学情的变化，因人而异，因地制宜，选择多样的教学方式。活动评价的开放是指评价的多元化，一是评价目标多元化，根据学生的个体差异和参演题材的不同而设计不同的激励目标，提高学生参与活动的主动性，让学生感受自己的奖项是唯一的、珍贵的；二是评价主体多元化，有家长委员会的委员、社区群众和学校老师以及其他班级的同学一起参与他评；三是评价项目多元化，如在评价项目上设有"最佳创意奖""最佳表演奖""最佳风采奖""最佳组织奖"等。

（3）创造性。一方面是指教师工作的创造性，在课程教学活动中，随着年段的升高要不断创新教学的内容、形式和手段。另一方面是指要培养学生的创新精神和创新能力，发展学生的个性特长，教师在课程活动中多给学生实践、体验的时间和空间，让学生在实践中养成主动创新的良好习惯。

二、"七彩舞台"美育活动课程目标

"七彩舞台"课程的总目标是"培养全面发展、个性品质优良的新时代阳光少年"，包含3个维度的教学目标：

一是知识目标，感知"七彩舞台"的美好，了解"七彩舞台"的形式，学习"七彩舞台"的基本知识。

二是技能目标，引导学生通过实践活动，自主学习基本的表演技能和基本的节目创编方法，自主学习"七彩舞台"的组织、实施策略。

三是情感目标，引导学生通过实践活动，激发热爱"七彩舞台"、展示自我的情感，增强分享、合作的意识，提升积极向上、不断创新的精神品质和人格魅力，争做新时代的好少年。

在课程总目标引领下，"七彩舞台"系列课程构建了基于"审美素养"的3个分目标：

一是引领舞台，培养学生求真、向善、尚美的审美价值观。求真，追求真理、尊重客观规律，是对事物的科学认知与探究；向善，心怀美好与善念，有德行，利人；尚美，追求美好，有一定的审美能力。

二是搭建舞台，培养学生领导力、创造力和规划力的能力。领导力是一种影响力，也是一系列行为的组合能力；创造力是指产生新思想、发现和创造新事物的能力，是成功地完成某种创造性活动所必需的心理品质，是由知识、智力、能力及优良的个性品质等复杂多因素综合优化构成的；规划力是重要的综合能力，体现的是思考力、判断力、应变力等各项能力，是实现目标的能力。

三是展示舞台，培养学生感知美、鉴赏美和创造美的能力。感知美的能力是审美感官对审美对象形成美的感知能力；鉴赏美的能力是欣赏、鉴别、判断、评价美丑和审美创造的特殊能力；创造美的能力是指按照美的规律改造自身和客体，创造新的产品和美好生活，这是美育的核心，也是美育的最终目标。

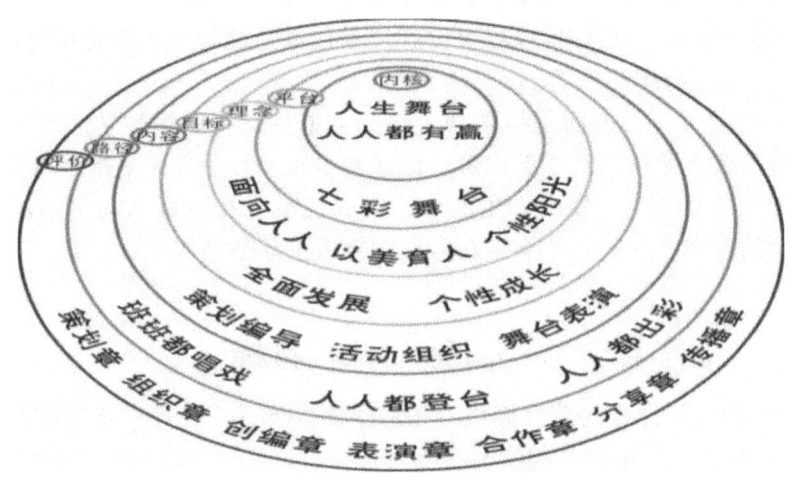

图 3-1　课程目标架构

三、"七彩舞台"美育活动课程基本架构

"七彩舞台"是安乐小学美育活动课程，安乐小学以"七彩舞台"活动课程为阵地，融合"五育"，融合全学科，创建了一个人人参与的美育活动与审美发展阵地。

"七彩舞台"美育活动课程的基本架构有7层，分别为由内核、平台、理念、目标、内容、路径和评价。

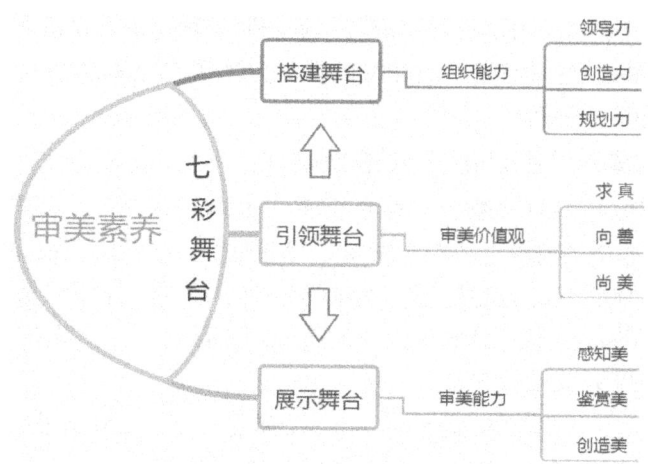

图 3-2　七彩舞台美育活动课程基本架构

（一）内核："人生舞台，人人都有赢"

以"人生舞台，人人都有赢"为内核，是"七彩舞台"美育活动课程的核心精神。"赢"不是一种争强好胜，而是一种追求，对自我实现的追求，体现的是一种对自我的认同，是一份自信，是阳光积极的人生态度，是前行不辍地追求"赢"的过程。

（二）平台："七彩舞台"

以"七彩"为平台，丰富而绚烂，人的生命就应该被这些美丽的色彩丰盈、充实，使个性得以充分发展，收获美好。"七彩舞台"是寄寓着学生全面成长的平台，以此为基地，每一个学生都能充分释放生命的色彩与光芒。这个舞台是一个综合性平台，在这里，学生发现美、认知美、创造美、展示美，在生命中种下"美"。

（三）理念："面向人人、以美育人、个性阳光"

以"面向人人、以美育人、个性阳光"为理念，体现了"七彩舞台"美育活动课程的建设宗旨与马克思主义大美育观。"面向人人"体现的是美育的普遍性，让每一个学生平等地接受审美教育。"以美育人"是美育的任务，也是美育育人的路径。"个性阳光"是美育的目标追求，塑造一个个美好而充满活力的生命。

（四）目标："全面发展、个性成长"

以"全面发展、个性成长"为目标，体现了"七彩舞台"立足美育育人的根本育人取向。德、智、体、美、劳全面发展是教育方针，是培育人的根本,但每一个个体又是不同的,有自己的个性与潜能,有自己的梦想与追求。让每一个个体的个性与潜能得以充分的发展,实现自己的梦想与追求,这是教育对生命的理解与成就。

（五）内容："策划编导、活动组织、舞台表演"

以"策划编导、活动组织、舞台表演"为内容,是"七彩舞台"美育活动课程的校本模式与创新。"策划编导、活动组织、舞台表演"中的任何一个环节都需要多种能力的综合运用,不论学生处于活动过程中的哪一个环节,或者承担哪一个项目,都是对学生能力的考验与挑战。在一次次的挑战中,学生的能力不断获得突破性的提升。

（六）路径："班班都唱戏、人人都登台、人人都出彩"

以"班班都唱戏、人人都登台、人人都出彩"为实施路径,能真正让"七彩舞台"美育活动课程发展每一个人。"班班都唱戏、人人都登台",以班为单位,以每一个学生为主体,实现了美育面向人人；"人人都出彩",让每一个学生在舞台上绽放属于自己的光彩,激发了其动力与潜能,使之更有信心拥抱未来的梦想。

（七）评价："七彩争章"

"七彩争章"是一个评价激励机制。在这个评价体系中,根据活动所需的能力对应7项奖章,每一个人都能争取到自己独有的"奖章",让"赢"成为现实,激励每一个人挖掘潜能、发展个性、主动成长。

第三节 "七彩舞台"美育活动课程内容建设

结合学校实际和师资、设备条件及丰富的家长资源,经过充分研究、论证和多年的实践探索,课题组完成了"七彩舞台"系列活动课程的内容建设。

一、课程内容建设的理论基础与编制原则

"七彩舞台"系列活动课程的理论基础是多元智能理论。多元智能理论是自20世纪80年代中期以来风行全球的国际教育新理念,它是由美国当代著名心理学家和教育学家加德纳（H. Gardner）于1983年在其《智能的结构》一书中首先系统地提出,并在后来的研究中得到不断发展和完善的人类智能结构

理论。该理论的内涵和我国目前正在倡导实施的素质教育有密切的内在联系，我国自20世纪90年代以来对多元智能理论予以较多研究，并且越来越认识到多元智能理论的重要价值，认为"多元智能理论是对素质教育的最好诠释"。多元智能理论是一种全新的人类智能结构的理论，认为人类思维和认识的方式是多元的，亦即存在多元智能：言语语言智能、数理逻辑智能、视觉空间智能、音乐韵律智能、身体运动智能、人际沟通智能、自我认识智能和自然观察智能。多元智能理论对智力的定义和认识与传统的智力观是不同的。加德纳（1983）认为，智力是在某种社会和文化环境的价值标准下，个体用以解决自己遇到的真正难题或生产及创造出某种产品所需要的能力，智力不是一种能力而是一组能力，智力不是以整合的方式存在而是以相互独立的方式存在的。

国内学者曾繁仁在《加德纳的"多元智能"理论与美育》[①]一文中指出，加德纳的"多元智能理论"不仅从素质教育的角度为美育开辟道路，而且在教育内容上也将艺术教育提到突出位置，同时也为美育提供了更加科学的评估方法。这种强调个人自由发展的"素质教育"，呼唤人的多种潜能的开发，应包括审美的潜能。尽管加德纳并不承认审美力的独立存在。他说："谈到智能的多元化，立刻会出现一个问题，即是否存在单独的艺术智能。按照我的分析，没有。这些形式中的每一种智能都能导向艺术思维的结果，也即表现智能的每一种形式的符号，都能（但不一定必须）按照美学的方式排列。"但他毕竟认为7种智能的每一种都能导向艺术思维，而且从他对"统一规划的学校教育"的批判中，我们也可看到这种教育模式及其遵循的智商测试方式，只导向对适合这种测试方式的学科的重视，而难以运用这种方式测试的学科则在不被重视之列。这样的学科加德纳认为首先就是艺术。因此，在他的"以个人为中心的学校教育"中从来都是将艺术教育（美育）放在十分突出的位置，认为是十分重要的内容。加德纳也反对将美育仅仅看作一种技巧和概念的掌握，而是一种特殊的对待世界的方式与态度。

基于多元智能理论，"七彩舞台"校本课程的研发注重培养学生能力的综合提升，以全面提升学生审美素养，促进学生全面发展。校本课程在研发过程中注重引导教师有效利用家长的课程资源，增强教师的课程意识，以及教师自身的专业发展。

[①] 曾繁仁. 加德纳的"多元智能"理论与美育 [J]. 山东大学学报（哲学社会科学版），2001（4）：11 - 20.

二、"七彩舞台"系列活动课程的内容规划

经过3个春秋的实践,"七彩舞台"系列课程在反复实践和不断反思、修订中逐步趋于完善,经过汇总、整理、补充、加工,最终编写出"七彩舞台"系列校本活动课程。

"七彩舞台"系列校本课程以"七彩舞台"的策划编导、活动组织和舞台表演3项知识技能为主要内容,形成"三段+三册+三单元"课程内容结构,每个单元又设计若干课次,课程目标和要求所要体现的价值尽可能隐藏在学习内容和教学活动之中。从低、中、高3个年段学生的认知特点出发,选择教学内容,层层递进、螺旋上升,引导学生在主动参与、自我发展的过程中,体验感知美、创造美、表现美的意义和情趣,进而提升审美素养,养成合作、分享、积极进取等良好个性品质,培养阳光个性,争做阳光少年。

（1）低年段"点燃七彩激情"。以"七彩舞台我喜欢"为主题,包括"我爱看七彩演出""我想学七彩表演""我要上七彩舞台"3个单元。

（2）中年段"丰盈七彩智慧"。以"七彩舞台我试试"为主题,包括"欢聚七彩舞台""聚集七彩能量""绽放七彩魅力"3个单元。

（3）高年段"放飞七彩梦想"。以"七彩舞台我做主"为主题,包括"插上七彩翅膀""加足七彩动力""放飞七彩梦想"3个单元。

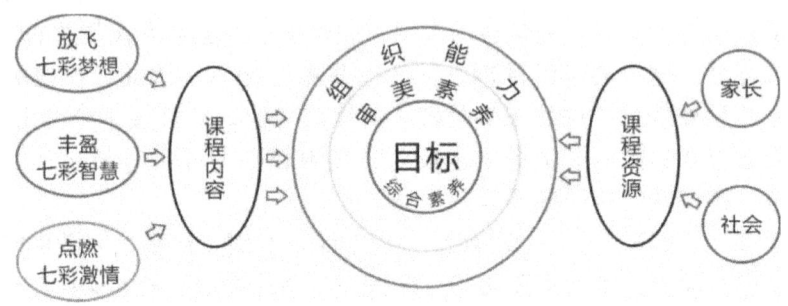

图3-3　课程内容与资源架构

"七彩舞台"系列活动课程为综合性、实践性的活动形态课程,共27课60课时,分3个学段构成（表3-1至3-3）。

表 3-1　点燃七彩激情（一、二年级使用）

单元	课题名称	内容要点	目标说明	课时建议
第一单元　我爱看七彩演出	第一课　我们是七彩少年	我们每个人都是棒棒的，我会唱歌，我会跳舞，我会朗诵，我会武术，我会……我们是七彩少年	引导学生认识自己，并发现自己的特长，进而树立我能走上舞台的信心	1
	第二课　哥哥姐姐们真棒	中、高年级的哥哥姐姐们表演的节目真好看，他们每个人都会唱、会跳、会表演……	引导学生通过观看中、高年级的七彩舞台表演，切身感受哥哥姐姐的精彩表现	1
	第三课　七彩舞台太美啦	七彩舞台好美呀！每个班、每个人都能在上面表演，每个人都是棒棒的	引导学生初步感受七彩舞台的价值和魅力，激发学生走上台表演的激情	1
第二单元　我想学七彩表演	第四课　我要学习唱歌、跳舞	我要像哥哥姐姐一样，学习唱歌，学习跳舞，学习我喜欢的……	引导学生爱好艺术，并努力学习唱歌、跳舞，学习自己喜欢的……	5
	第五课　我要学会一种特长	从现在起，我们要在老师或家长的引领下，自己学会一种特长，如朗诵、武术等，有了特长就能上台表演	引导学生从小培养自己的兴趣爱好，发展自己的个性特长	5
	第六课　我要学会和同学一起表演	我们要在老师的引导下，学会与同学一起表演，全班同学共同演好一台戏	引导学生在做好自己表演的同时，学会与他人合作，并学会为演好班级一台戏尽力做好自己的事	3

续表 3-1

单元	课题名称	内容要点	目标说明	课时建议
第三单元 我要上七彩舞台	第七课 我们需要七彩舞台	我们要放飞七彩梦想，我们要展现个性风采，我们……我们需要七彩舞台	引发学生从内心深处产生需要七彩舞台的激情和渴望	1
	第八课 老师带我走上七彩舞台	在老师和家长的引导下，我们把自己准备的节目，演给其他班的同学、老师和家长们看	引导学生上台表演，让他们充分体验七彩舞台给自己带来的快乐，进一步激发热爱七彩舞台的情感	2
	第九课 我们的第一次演出成功啦	我们邀请老师、校长观看演出，并做出评价	让学生听听教师、校长怎么说	1

表 3-2 丰盈七彩智慧（三、四年级使用）

单元	课题名称	内容要点	目标说明	课时建议
第一单元 欢聚七彩舞台	第一课 七彩舞台是我们的	我们每一个人都是演员，都是导演，都是主创、策划……七彩舞台我们做主	引导学生明确七彩舞台是自己的舞台，从策划到演出都由自己去完成	1
	第二课 七彩舞台也是老师和家长的	老师是顾问、是参谋，家长是助手	让学生知道，在七彩舞台上如果有困难，有教师当参谋、家长作助手	1
	第三课 我心中的七彩舞台	我希望让我们的七彩舞台内容更丰富。我们每个学生都试着自己去想一想、演一演，我们不怕失败，因为我们有老师和家长作参谋	引导学生在低年级初步感受七彩舞台的基础上，自己尝试建构七彩舞台，并试着自己去选择表演的内容，自己设计表演的形式……	2

续表 3-2

单元	课题名称	内容要点	目标说明	课时建议
第二单元 聚集七彩能量	第四课 确定七彩舞台主题	我们全班一起来共商共议，确定七彩舞台主题	通过小组讨论、班级汇总、集体表决等形式产生主题。低年级班主任参与引导，中、高年级由学生自主完成	1
	第五课 征集七彩舞台内容	我们人人申报节目。我们可以个人单独表演，可以两人或多人组合，还可以……	引导学生人人发挥自己的特长，申报自己的节目，做到人人有节目，个个都走上七彩舞台	1
	第六课 七彩舞台节目排练	我们都是演员了。我们一定把自己的角色练好、扮好，演出自己的个性特色	引导每个学生发挥自己的特长，在互帮互学、共同发展中展现自己的风采，体验演出的快乐	8
第三单元 绽放七彩魅力	第七课 七彩舞台合练与彩排	我们有方法有能力，既把每个节目演好，又让每个节目有机组合起来，成为一台七彩纷呈的演出	发挥学生自我组织、协调能力，先将每个节目进行合理排序，再进行有序、整体演出	3
	第八课 七彩舞台精彩演出	我们的七彩舞台演出开始了……精彩在每个瞬间	学生自主组织，自主实施。灯光音响操作、设备搬运等，教师、家长协助	2
	第九课 我们的表现由兄弟班级评价	我们邀请其他年级、其他班级的同学一同观看，并做出评价	让学生倾听他人的意见，发挥自己的长处，改进自己的不足	1

表3-3 放飞七彩梦想(五、六年级使用)

单元	课题名称	内容要点	目标说明	课时建议
第一单元 插上七彩翅膀	第一课 我们创意七彩舞台	我们要创新我们的七彩舞台,全面丰富七彩舞台的内容和形式,让七彩舞台成为我们放飞童年梦想的最美好舞台	让学生以中年级的经验为基础,充分发挥自己的聪明才智,把自己的七彩舞台设计好、装扮好……	2
	第二课 设计七彩舞台的形式	我们全班一起来共商共议,设计七彩舞台的组织方法、呈现形式和时间安排	通过小组讨论、班级汇总、集体表决等形式,促进学生做好七彩舞台的规划与设计	1
	第三课 商议七彩舞台分工	我们全班一起来共商共议,成立七彩舞台的各个工作小组,如导演组、联络组、执行组等相关组织	让学生明确七彩舞台,人人有事做,事事有人做。导演组负责节目内容的审核与排练,执行组负责各项工作的督促与检查,联络组负责与教师、家长以及其他班级的联系	1
第二单元 加足七彩动力	第四课 七彩舞台节目准备与统筹	我们一起汇总大家申报的节目,一起进行节目的整合,让七彩舞台的内容更丰富、形式更多样	通过节目整合,促进学生学会从内容、形式、人员等方面去组合、完善、优化七彩舞台的所有节目	6
	第五课 七彩舞台演出准备	我们自己设计背景,自己化妆,自己准备道具……	充分发挥学生自主作用,做好自己的事。低年级教师和家长参与其中	3
	第六课 个性舞台精彩呈现	我们再一次登上七彩舞台,我们的表演更加成熟,我们的成长和幸福将得到最好的展现……	让学生充分发挥自己的组织、表演才能,尽情演出,完美呈现,以深刻体验演出的快乐和成长的幸福	3

续表 3-3

单元	课题名称	内容要点	目标说明	课时建议
第三单元 放飞七彩梦想	第七课 七彩舞台 完美结束	我们自己完成七彩舞台演出后的一切后续工作	引导学生做事善始善终,全面体验成功的快乐	1
	第八课 我们的表现 我们评价	我们自己会评价演出的整体效果,也会评价每个演员的进步与发展,还会评价……	引导学生发现自我,肯定自我,增强自我成长的信心和动力	2
	第九课 我们的收获与展望	几年来,七彩舞台引领我们表现自我、健康成长,我们不仅学会了表演,学会了合作,更学会了……	引导学生回顾七彩舞台的经历,感悟自己的收获,体会成长的快乐,同时展望美好的未来	1

三、"七彩舞台"活动课程内容的教学实施

"面向全体,全面发展,个性成长,自信阳光"是"七彩舞台"系列课程的基本实施原则,因此,课程的教学组织实施以班级为单位展开。由于"七彩舞台"是一门综合性实践课程,是音乐、舞台剧等多学科多内容的综合,在实施过程中,教师要打破传统的学科界限,引导学生运用多种艺术形式来完成活动任务;要坚持教师主导、学生主体的原则,即课程活动中以学生为主体、老师与家长为辅助,低年级段班主任和家长参与策划较多,高年段在班主任教师的引导下,由学生自主组织为主,例如,从活动主题的选定、节目编排、人员分工等,要充分征求尊重学生的意愿,让学生在自主设计、完成单元活动任务中获得有关的知识和能力。

"七彩舞台"系列课程是学校全体师生投入了大量精力研发的校本课程。为了保障课程的实施效果、提升教师的课程实施能力,《"七彩舞台"教师教学用书》与之配套。现以中年级第二单元第六课《"七彩舞台"节目排练》为例。

《"七彩舞台"节目排练》

教学时间：建议8学时。

教学目标：

（1）培养学生排练的兴趣，发掘学生的表演天赋。

（2）培养学生在实际排练中的团队协作能力与解决困难的能力。

（3）在排练中体会到展示自我的乐趣，提升学生成就感、自信心。

设计思路：七彩舞台节目的排练是七彩舞台成功举行的关键。因此，本课需更长的课时，给学生实际锻炼的机会，让学生在实际排练中发现问题、解决问题。如何发现并解决问题是本课的关键，感受表演的快乐、树立学生的自信也是本章内容追求的重要目标。

6 七彩舞台节目排练

我是小演员

经过一个月的排练，二（2）班的七彩舞台演出正式开始。整场演出精彩绝伦，赢得了领导老师以及家长们的喝彩。其中，主持人及演员沈莉因为从容大方的姿态、出色的表现，荣获本次七彩舞台最佳演员奖，右图为校长为她颁奖图。

沈莉台词扎实、动作到位、表情大方，得奖当之无愧。

沈莉排练时认真刻苦，我天天都能看到她在努努练习。

做一个优秀的演员，应该具有哪些优秀品质呢？

每个演员都很辛苦，不能只看到他们的光荣。

第一板块：我是小演员

教材内容：

经过一个月的排练，二年（2）班的七彩舞台演出正式开始。整场演出精彩绝伦，赢得了领导老师以及家长们的喝彩。其中，主持人及演员沈莉因为从容大方的姿态、出色的表现，荣获本次七彩舞台最佳演员奖。

沈莉排练时认真刻苦，我天天都能看到她在默默练习。

沈莉台词扎实、动作到位、表情大方，得奖当之无愧。

做一个优秀的演员，应该具有哪些优秀品质呢？

每个演员都很辛苦，不能只看到他们的光荣。

教师用书说明：

教材第一页通过演出过七彩舞台的获奖同学，培养学生对七彩舞台节目表演的热情与积极性。同时，了解成功演出离不开辛苦的排练，了解排练的重要性，了解一名合格演员应该具备的品质，引导中年段学生在排练中展现自己的风采。

教材内容：

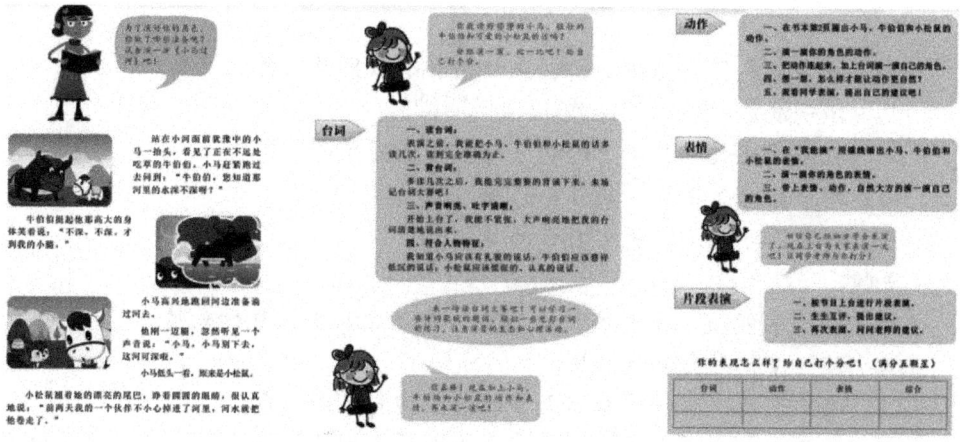

为了演好你的角色，你做了哪些准备呢？试着演一演《小马过河》吧！

站在小河面前犹豫中的小马一抬头，看见了正在不远处吃草的牛伯伯。小马赶紧跑过去问："牛伯伯，您知道那河里的水深不深呀？"

牛伯伯挺起他那高大的身体笑着说："不深，不深。才到我的小腿。"

小马高兴地跑回河边准备游过河去。

他刚一迈腿，忽然听见一个声音说："小马，别下去，这河可深啦。"

小马低头一看，原来是小松鼠。

小松鼠翘着她漂亮的尾巴，睁着圆圆的眼睛，很认真地说："前两天我的一个伙伴不小心掉进了河里，河水就把他卷走了。"

　　你能读好懵懂的小马、强壮的牛伯伯和可爱的小松鼠的话吗？分组演一演、比一比吧！给自己打个分（满分5颗星）。

台词

　　一、读台词：表演之前，我能把小马、牛伯伯和小松鼠的话多读几次，读到完全准确为止。

　　二、背台词：多读几次之后，我能完完整整地背诵下来。来场记台词大赛吧！

　　三、声音响亮、吐字清晰：开始上台了，我能不紧张、大声响亮地把我的台词清楚地说出来。

　　四、符合人物特征：我知道小马应该有礼貌地说话；牛伯伯应该慈祥低沉地说话；小松鼠应该慌张地、认真地说话。

　　来一场读台词大赛吧！可以学习一些诗词歌赋的朗诵，模拟一些电影台词的练习，注意演员的神态和心理活动。

　　你真棒！现在加上小马、牛伯伯和小松鼠的动作和表情，再来演一演吧！

动作

　　一、在书本第2页圈出小马、牛伯伯和小松鼠的动作。

　　二、演一演你的角色的动作。

　　三、把动作连起来，加上台词演一演自己的角色。

　　四、想一想，怎么样才能让动作更自然？

　　五、观看同学表演，提出自己的建议吧！

表情

　　一、在"我能演"用横线画出小马、牛伯伯和小松鼠的表情。

　　二、演一演你的角色的表情。

　　三、带上表情、动作，自然大方的演一演自己的角色。

　　相信你已经初步学会表演了，现在上台为大家表演一次吧！让同学老师为你打分！

片段表演

　　一、按节目上台进行片段表演。

　　二、生生互评，提出建议。

　　三、再次表演，问问老师的建议。

　　你的表现怎么样？给自己打个分吧！（满分5颗星）

第三章 学校美育文化生态体系的立体构建

台词	动作	表情	综合

教师用书说明：

教材第2、3、4页通过小马过河片段的表演练习，将表演分为台词、动作、表情3方面对学生加以系统练习，旨在提升学生表演功底，做好实际排练准备。并以自我评价及生生互评手段让学生加强对台词、动作、表情3方面表演的学习，引导学生互帮互助。

第二板块：舞台我在演

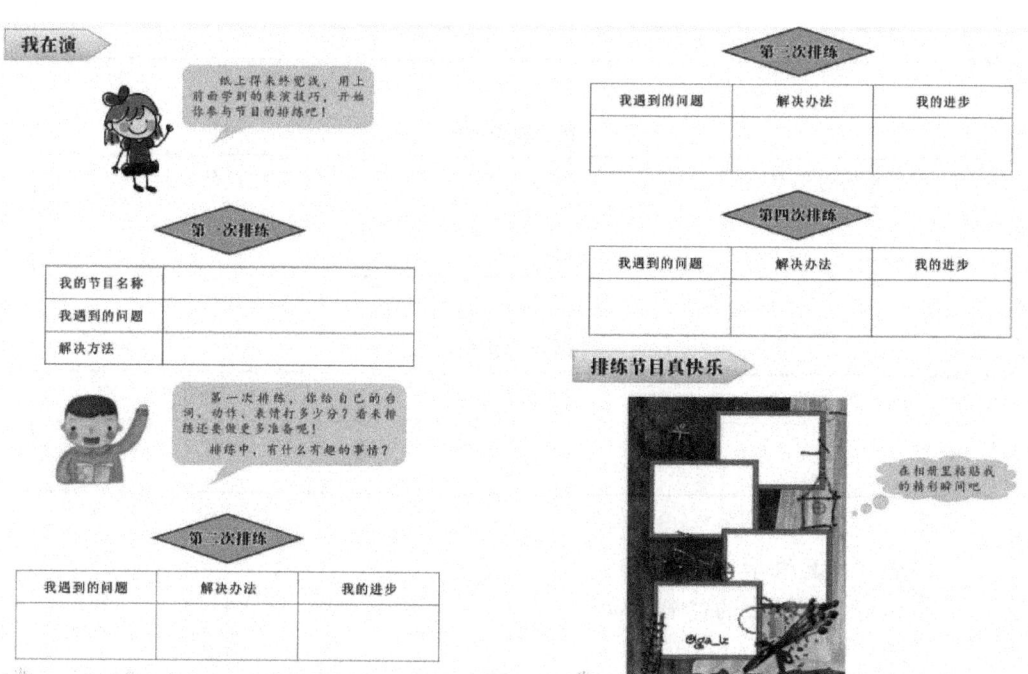

教材内容：

纸上得来终觉浅，用上前面学到的表演技巧，开始你参与节目的排练吧！

第一次排练

我的节目名称	
我遇到的问题	
解决方法	

第一次排练，你给自己的台词、动作、表情打多少分？看来排练还要做更多准备呢！在排练中，有什么有趣的事情？

第二次排练

我遇到的问题	解决办法	我的进步

第三次排练

我遇到的问题	解决办法	我的进步

第四次排练

我遇到的问题	解决办法	我的进步

排练节目真快乐！

在相册里粘贴我的精彩瞬间吧！

教师用书说明：

教材第5、6页通过4个小表格，引导学生发现4次排练中的问题，并主动寻求解决方法。对比发现自己的进步，力求做到一次排练比一次好，体验演出的快乐。

教材最后留给学生张贴图片或用画笔记录快乐排练时光的空白，希望学生在记录排练过程的同时体会自己的成长、感受排练的快乐、提升自我的成就感。

教师用书教学活动参考：

1. 我是小演员（1课时）

演员是光鲜的：

①演员的定义。

②播放七彩舞台的精彩片段。

演员是辛苦的：

①讨论小演员表演前的准备工作，了解演员的付出等。

②讨论一名合格的演员应该具备的优秀品质。

我是小演员：

①讨论我感兴趣的明星。

②我有什么特长。

③我扮演的角色是什么。

2. 我能演（1课时）

①讨论说说我该如何演好我的角色。

②按步骤学习台词、动作、表情的表演，可开展表演比赛。

3. 我在演（4课时）

①第一次排练实践（台词）。

我在排练中遇到了哪些困难？如何应对？

②第二次排练实践（动作）。

我在排练中遇到了哪些困难？如何应对？我有哪些进步的地方？

③第三次排练实践（表情）。

我在排练中遇到了哪些困难？如何应对？我有哪些进步的地方？

④第四次排练实践（总）。

我在排练中遇到了哪些困难？如何应对？我有哪些进步的地方？

4. 排练节目真快乐（1课时）

①每次排练，我都有快乐的瞬间、精彩的时刻，我会收集照片或用画笔、文字记录下来。

②分享快乐，上台说说我的收获。

活动实施建议：

（1）本章内容侧重实践，应在排练中引导学生发现问题、解决问题。

（2）关于排练准备，应给学生做好充足准备，系统学习排练知识后再开始实际行动。

（3）关于排练内容，可按照已分配的节目分组进行排练，多出的学生可分配给统筹、指导、后勤等工作，切实做到全员参与。

教学评价：
(1) 初步形成完整的节目。
(2) 感受排练中不断进步的快乐。
(3) 提升在排练中解决问题的能力。

第四节 "七彩舞台"美育活动课程育人模型

为使"七彩舞台"活动课程有效开展，安乐小学设计了"七彩舞台"育人模型——"一体两翼六引擎"，通过此育人模型，连通了美育的内容、过程，使相关各要素协同作用，促进学校的美育文化生态不断优化与发展。

一、育人模型："一体两翼六引擎"

"一体两翼六引擎"的育人模型中，以"七彩舞台"为"一体"，以课程形式和协同机制为两翼，围绕"美育枢纽"的课程形式和"三全育人"的机制分别组建3个"引擎"，共称"六引擎"。

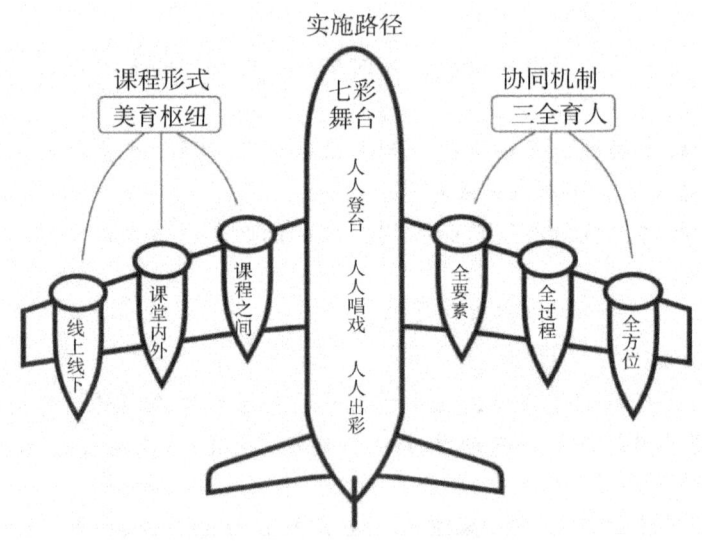

图3-4 "一体两翼六引擎"育人模型

（一）"一体"

"七彩舞台"美育活动课程这个主体，"班班都唱戏、人人都登台"是课程的主要路径，"策划编导、活动组织、舞台表演"是课程的主体内容。

（二）"两翼"

左翼"美育枢纽"，创新了美育活动课程组织形式，发挥音乐、美术在舞台表演艺术的"枢纽功能"，打通了课程之间、课堂内外、线上线下的藩篱，构建了美育活动课程实施的新范式。

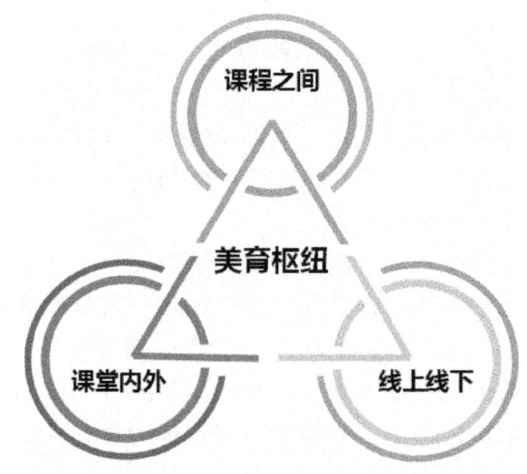

图3-5 左引擎"美育枢纽"课程组织形式架构

右翼"三全育人"，构建了美育活动课程建设的生态体系。

图3-6 右引擎"三全协同育人机制"架构

（三）"六引擎"

引擎，顾名思义，是发动机，是动力之源。"六引擎"分属于"两翼"之下，"左翼"下的三引擎：课程之间联通、课堂内外衔接、线上线下融合；"右翼"下的三引擎：全要素育人、全过程育人、全方位协同。

二、6个引擎的具体内容

（一）引擎1——课程之间联通

作为一门综合性实践课程，"七彩舞台"是多种艺术形式与各学科的融合，几乎涵盖了小学所有的学科。从"整台戏"的节目内容看，是全学科的整合；从"课本剧"等单个节目来看，也是音乐、美术等多学科的综合运用。

以美育为枢纽联通课程，要善于发现各学科与美育之间的连接点，善于抓住连接点突破课程之间的壁垒。

音乐、美术等艺术学科本身就是狭义的美育，自不必细述。

语文学科与美育的关系非常密切，教学内容、教学形式处处都可与美育相融合。语文的文本中，文字内容的描写、语言的表述技巧、文章的表达方式、蕴含的哲理思想等都潜藏着以美育人。赏心悦目的景、活灵活现的物、生动感人的情……在语文学科教学中，教师要有意识地引导学生欣赏美、发现美、感悟美，使学生在美的浸润中提升审美素养。阅读和写作是语文学科重要的教学任务，也是通过语言与文字再现美的过程。在阅读教学中，引导学生用朗诵、讲故事等艺术形式诠释美；在写作教学中，引导学生运用美术的表现形式描绘美，都能将语文学科与美育的融合做到自然畅通，以提升教学效果。

英语学科和语文学科一样，也是人文学科，只是使用的是另一种文字和语言，正因如此，我们也可以从中拓展审美视野，感受不一样的审美风格。

"数学不但拥有真理，而且也具有至高无上的美"，《义务教育数学课程标准》中将"了解数学的价值，欣赏数学美"作为数学课程的总目标。数学学习追求的是理性精神、严谨思维和数学审美的发展，虽然数学学科中不乏美的元素，但由于数学教学的特点，这些美的元素需要在教师的引导下，对学生进行美育渗透。数学学科中特有的美，包括数学符号的简洁之美、数学思维的严谨之美、数学公式的和谐之美等。数学学科美育要将"美"融于"数"，促进数学教育与美育的融合。如在生活中，通过对生活实际的观察，从数学角度去学习图形等，感受建筑物的几何形状之美；通过信息技术制作图表，感受数学图表的形象之美；通过对概念公式等的理解，感受数学语言的精炼之美；通过计算等探寻公式与法则，感受数学的规律之美。

科学、信息技术学科中更是充满了神奇、魔幻的美，既有美的内容，更有美的技术的运用，在欣赏美、探究美之外，还给我们提供了创造美的方式与技术。

道德与法治学科的育人目标是一种深层次的美，是心灵之美、言行之美、情怀之美。

美育与各学科都有着独特的关系，有着不同的联通节点与方式，以美育为枢纽联通课程不只是单一地联通某一科课程，而是以美育为中心，与各学科都画上连接线，形成一张网，使各学科整合成一个课程整体。

课程联通驱动学科融合，跨学科整合打通了学科界限，所有学科内容都可以编成一个个节目组成一台戏。例如，在学生编排武术类节目《太极》时，为有效激发学生的民族自豪感，不仅可以引导学生通过肢体动作展现太极的神韵，还可以鼓励学生搜集太极的起源、发展、价值等资料，并以朗诵、音乐剧等表现形式对此进行具体阐释。又如，在学生编排策划民乐类节目《荷塘月色》时，可以鼓励学生利用信息技术手段及美术学科知识创设意境唯美的舞台环境，极大激发学生的参与热情及创作意愿。"七彩舞台"通过这样的学科课程融合，实现了历史、语文、美术、音乐、信息技术等多个学科的协同发展。

（二）引擎2——课堂内外衔接

审美能力的高低，直接反映了一个人的知识储备、思维方式和境界格局。审美素养是综合素养，其培养要有连接性，要将课堂内的学习与课堂外的实践合理有效地衔接，才能真正实现美育纯洁学生道德、丰富学生精神、提高学生审美和人文素养的目标。

美育的课堂学习更偏重于知识与技能的传授，知识与技能只有运用于实践，才能内化为能力、升华为思想。以美育为枢纽衔接课堂内外，一方面要丰富教学内容，改进教学方式。对于美育资源的挖掘，要融合不同学科内容，与德、智、体、艺、劳贯穿。在教学方式的改进方面，要研究学生的年龄特点与心理特点，以学生喜欢的生动的方式，既传授知识，又能润物无声，潜移默化地滋养学生。另一方面要注重实践。中华美育精神本身就体现为一种实践性行为，课外实践活动能使知识付诸行为、得到强化。

"七彩舞台"美育活动课程的课堂教学以校本课程内容为基础，能学习活动策划、节目创编等理论知识，但这些理论知识要延展到课外节目排练的实践中来，才能熟能生巧、举一反三，使课程学习有发展、有创新。对于课内课外的衔接，教师要做好引导。

(三) 引擎 3——线上线下融合

信息技术的发展，现如今的学习形态已悄然在发生着改变，充分利用网络资源，可以无限延展学生的学习空间。线下学习，教学注重指向性、科学性、系统性，注重学生能力与素养的全面养成；而线上学习，拓宽了学生视野，发散了学生思维，是对线下学习的巩固与补充。

"七彩舞台"活动的线下，是对多种艺术形式的反复学习与实践锻炼，而"七彩舞台"节目的线上，则能为节目提供强大的助力。例如节目的创编，可以从线上选择、获取更为丰富的内容；对于节目的编排与演出，也可以通过收集相关内容，提供服装、妆容、道具等参考信息，并通过信息技术的运用，为节目的制作提供音乐、视频等多方面的支持。

(四) 引擎 4——全要素育人

全要素指的是美育内容。

国务院办公厅印发的《关于全面加强和改进学校美育工作的意见》中明确指出：要"加强美育与德育、智育、体育、劳动教育相融合，充分挖掘和运用各学科蕴含的体现中华美育精神与民族审美特质的心灵美、礼乐美、语言美、行为美、科学美、秩序美、健康美、勤劳美、艺术美等丰富美育资源。"各学科的学习里都蕴含着美育内容，全要素育人首先就是要充分挖掘各学科所蕴含的丰富的美的要素进行融合，实现所有学科美育融合的最大化目标，如道法的品德美、语文的语言美、数学的逻辑美等。要把感知美、鉴赏美和创造美等全部审美要素都融入每一项任务、每一个环节之中育人，培养学生求真、向善和尚美的审美价值观。

另外，学校环境作为育人的隐性课程，也是美育内容的重要部分。心理学研究认为，环境对人的心理发展有一定的主导作用。对于学生而言，除了家庭环境之外，对其的发展产生影响最大的是校园环境。校园环境是一种有形的、外显的、相对稳定的物质类隐性课程资源，对学生的影响是渗透性的。从美育视角而言，优美的校园环境能够调节学生的情绪、陶冶学生的情操、影响学生的审美观念和审美趣味。安乐小学以大美育观建设校园环境文化，在潜移默化中开发学生美的意识、灌输学生美的理念，激励学生的理想追求。

(五) 引擎 5——全过程育人

全过程育人指的是教育环节。"七彩舞台"活动课程包括"导→编→演→播"4个环节，要通过各个环节全程育人，提升学生综合素养。

"导"是指整台戏的筹备策划，重点培养学生活动组织策划的领导力。对于低年段的学生，由家长、教师协助学生对整台戏进行组织安排；对于中年段的学生，家长、教师只起部分监管作用；对于高年级学生，则由学生自主组织策划，家长、教师只在必需的情况下提出意见与建议。"导"培养的不是少数人的领导力，而是采取轮换制、项目负责制，让每个学生都有机会表现自己、锻炼自己，发挥领导才华。

"编"是指设计编排单个节目，重点培养学生美的创造力。在节目创编过程中，教师、家长要充分发挥学生的想象力与创作力，不可随意干预，将自己的想法强加给学生，要尊重学生对美的感受与认知，以及在创编过程中的不断的自我反思。

"演"是指演出展示，重点培养学生美的表现力。学生可以根据自己的兴趣、特长演出自己的角色，也可以根据自己的理解演绎角色。

"播"是指活动分享传播，重点培养学生的影响力。学生可以想方设法优化传播内容，提升传播效果。

(六) 引擎6——全方位协同育人

教育是一个潜移默化、润物无声的过程，家庭、学校、社区都应给予学生良好的环境影响，形成致力于以美育带动"五育融合"的协同育人机制，整合家庭、学校和社区资源，形成共育文化氛围，提升教育效果。

1. 校级班协同

(1) 校级层面，整体策划。突破原有模式需要创新意识、创新模式。以往的校级活动，学校部署多，班级创造少，过去都是由学校德育处制作活动方案统一下发，班主任教师按要求执行组织。而"七彩舞台"从学校层面做到了重心下移，倾听教师和学生的意见，由德育处发起倡议，进行问卷调查，了解师生的需要，汇集广大师生的智慧，征求班主任教师的意见，做前移性的准备。在方案实施过程中，德育处会结合年级长、班主任的中肯建议修改"七彩舞台"活动方案。从部署指导到自主申报都给予班主任和学生主动权、选择权，真正把活动还给学生。

(2) 年级层面，实践推进。为了让方案更加切合实际、更具有可操作性，在方案下发之前，德育处组织年级组长组织各中队进行"七彩舞台"的申请，了解各年级的"七彩舞台"策划情况，结合学校的方案，分析各年级的学生成长需要，结合年级的特点，寻找共性与个性，落实统筹并针对学校方案以及各班级实际情况进行统筹设置，讨论"七彩舞台"活动具体工作要求和安排。

(3) 班级层面，共同创生。每个班级都具有独特性，班级聚集多方资源，依托多方力量，引进家长资源，与学科综合融通开展各具特色的节目，这一过程也是学生多元发展的过程。例如：一年 (1) 班以家长委员会为主导，让学生与家长全程共同参与活动，邀请专业的家长指导学生们排练节目，学生在活动的每一个环节都能有真实的体验。

2. 师生协同

"七彩舞台"是音乐、舞台剧等多学科内容的综合。在教学组织实施上，教师打破传统的学科界限，引导学生运用多种艺术形式来完成活动任务。过程中坚持以学生主体的原则，即课程活动以学生为主体，低年段班主任和家长参与策划较多，高年段在教师的引导下，以学生自主组织为主。

建立课堂新型师生关系。结合低、中、高不同年段学生的认知水平和接受能力，安乐小学确立了课堂新型师生协同关系。其中，低年段的"七彩舞台"活动主要由教师策划及组织实施，教师是课堂的主导者，而学生是学习者；中、高年段的"七彩舞台"活动主要由教师发起，学生自主组织、策划与实施，在这一过程中，教师由主导者的角色转变为协助者，学生则由学习者的角色转变为主导者，师生之间密切配合，形成了强大的教育合力，营造了良好的个性化班级育人氛围，推动了课程活动的顺利开展。

3. 家校社协同

安乐小学在开发与实施"七彩舞台"活动课程的过程中，充分利用家庭、学校及社区课程资源，实现家校社多方合作，引导教师、家长、社区人员重视美育价值，最大程度地发挥美育枢纽作用。

（1）构建家校互动美育机制。

一是引导家长在节假日带学生参观美育机构，不断开阔视野，通过传统美德故事让学生接受美育，从而达到审美情感的熏陶。

二是引导家长构建和谐的邻里关系，营造整洁的家庭环境和小区环境，对于社区来说，可以定期举办绘画、朗诵、唱歌等美育活动，在生活中实施美育，提升审美情趣。

三是组建课程实施"班级家长义工队"。"面向人人"的课程理念极大地调动了家长积极性，每个学生身后都有一群最热心的亲友团，各行各业各有所长，不乏艺术"高人"，这些都是指导孩子开展活动的重要力量。

四是成立"七彩舞台"班级家长工作组，下设10个项目组：节目编导、舞台道具、舞美设计、灯光音响、服装服饰、配乐录音、摄影摄像、化妆、器乐、宣传。

（2）充分利用社会资源。

学校地处粤港澳湾区核心的深圳，各种艺术场馆齐全，是学生学习体验高雅艺术的优质资源，主要有：市少年宫、大剧院、关山月美术馆"关山月美术艺术展进校园"、区文化艺术馆"戏说人生"戏曲文化进校园、区文体旅游局和致公党"慈善文化进校园"、区"非遗进校园"舞麒麟和"华林派螳螂拳"等。

（3）开辟家校社合作新路径。

学校以开展"七彩家庭""七彩社区"创建活动为契机，邀请社区专业人士以导师的角色带领家长专研育儿经验，引导家长关注学生的个性品质、情感态度等方面的发展，与教师建立和谐的教育联盟，形成家校社共育合力。

第五节 "七彩舞台"活动课程教学模式

"七彩舞台"活动课程的实施过程中总结出以综合性学习、主题式创作学习和情境式教学为核心的"七巧教学"育人模式，包括学科融合、文化熏陶、科目型创作、主题型创作、情景交融、角色体验、亲子演绎7种教学法，在不同类型节目教学中融会贯通，教师教得轻松，学生学得灵巧，高效提升学生审美能力，进而通过展示自我，促进人人出彩，实现以美育人。

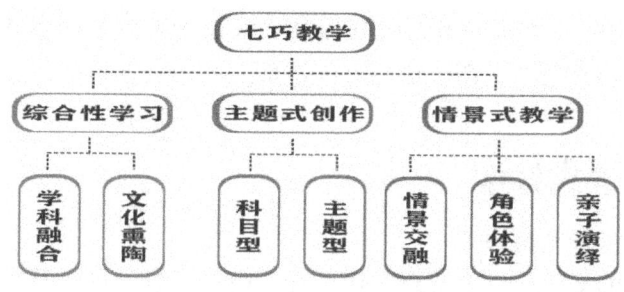

图3-7 "七巧教学"架构

一、综合性学习

方法一：学科融合法

"美育枢纽"融合功能使课程内容综合性很强，能深度挖掘各学科美的元素融入节目创编，很好地解决了美育学科与各学科"融合少"的问题。例如，课本剧创编，把语文的语言美、文学美和美术的色彩美、空间美，以及音乐的音律美、舞蹈的形体美等融入节目，让学生感受无处不在的美的魅力，提升创造美的能力。

方法二：文化熏陶法

收集中华传统文化相关资料供学生学习，如京剧"贵妃醉酒"的表演，让学生们学习京剧脸谱、表演流派等传统文化知识，组织脸谱展览，以加强学生对京剧唱段的学习，感受京剧艺术的瑰丽之美。

二、主题式创作

方法三：科目型创作

摘取某学科的知识内容展开节目创作学习，创编具有不同学科特点的节目在舞台上演绎，以更直观的方式强化学科知识的学习。例如：科学节目"神奇的折纸"，通过舞台直观演示折叠改造纸张，轻如蝉翼的纸张性能改变也能承受本身100倍重量而不弯，激发学生改造材料的探索欲望，培养探究之美。

方法四：主题型创作

围绕一个思想主题及表演形式的需要展开创作学习。例如：舞蹈"山的那一边"通过编舞、服装、音乐、背景动画等美的艺术元素创造出独特的意境，表现山区留守儿童的不易生活，既带给观众身临其境之感，呼唤社会对山区儿童多一些关注，也使学生在创编及舞台表演的过程中产生感情的升华，感恩奉献之美油然而生，更加珍惜自己的幸福生活。

三、情景式教学

方法五：情景交融法

每个节目的呈现，都合理运用声、光、电、布景、配乐等方式对舞台场景进行烘托、渲染，以及节目的真切情节感染让表演者感同身受，使学生更容易进入角色，感悟舞台艺术之美。

方法六：角色体验法

教会学生把握饰演人物细节，如课本剧《将相和》的表演，抓住人物角色蔺相如与廉颇的语言、动作表情和心理等细节，深入体验人物内心世界的思想和情感，提升表现美的能力。

课本剧：《将相和》

时间：公元前280年

地点：赵国皇宫（邯郸）、秦国皇宫（咸阳）、渑池

人物：蔺相如（赵国某大臣门客，后来为赵国上卿）

第三章 学校美育文化生态体系的立体构建

赵惠文王（赵国诸侯王）

秦昭王（秦国诸侯王）

廉颇（赵国大将军）

赵国大臣、秦国大臣、史官、蔺相如手下

第一幕 受命出使

（赵国王宫。赵王坐在宫殿上看秦王的来信，大臣们坐在两侧）

赵王：（看完信放下，焦急地面向大臣）秦王来信，说愿意拿十五座城与我赵国交换和氏璧，众卿，如何是好？

大臣甲：（站起，恭敬地）回大王，和氏璧乃我赵国无价之宝，那秦王生性狡诈，只是想把和氏璧骗到手罢了，我们不能上当啊！

大臣乙：（站起，恭敬地）如果我们不答应，秦王一定会派兵来攻打我们，敌强我弱，打起仗来，遭殃的还是我们赵国啊！

大臣丙：（站起，恭敬地）大王，我斗胆向您推荐一个人，此人叫蔺相如，他勇敢机智，也许能解决这个难题。

赵王：（大喜）蔺相如人在哪儿？快快把他找来！

大臣丙：是。（施礼，躬身下场）

（蔺相如随大臣丙上场）

蔺相如：（对着赵王深施一礼）草民蔺相如拜见大王。

赵王：（打量蔺相如）听说你机智勇敢，现在秦王要拿十五座城来换和氏璧，对这件事，你有什么办法？

蔺相如：（想了一会儿）我愿意带着和氏璧到秦国去，如果秦王真的拿十五座城来换，我就把和氏璧交给他；如果他不肯交出十五座城，我一定把和氏璧带回来。那时候秦国理屈，也就没有动兵的理由了。

赵王：（无可奈何）看来也只能如此，希望你不要辜负本王。

蔺相如：我一定完成任务。（施礼，躬身下场）

第二幕 完璧归赵

（秦国皇宫。秦王坐在宝座上，仔细欣赏蔺相如带来的和氏璧，赞叹不已，却绝口不提以十五座城池交换的事）

蔺相如：（上前一步，对着秦王深施一礼）启禀秦王，这块和氏璧有点小毛病，请让我指给您看。

（秦王一愣，毫不犹豫地将和氏璧交给蔺相如）

蔺相如：（双手捧璧，往后退了几步，靠着柱子站定，理直气壮地）我看您并不想交付十五座城。现在璧在我手里，您要是强逼我，我的脑袋和璧就一块儿撞碎在柱子上！（说完举起璧就要往柱子上撞）

秦王：（大惊失色，慌忙地）使者不要冲动，一切好商量。（面向大臣，高声地）来人呀，拿地图来，把划给赵国的十五座城指给使者看。

蔺相如：（双手捧璧，严肃地）和氏璧乃无价之宝，不能随随便便交换，得举行一个隆重的典礼才行。

秦王：（犹豫了一下）你说得很有道理，三天后是个黄道吉日，我们就在那天举行典礼，交换和氏璧吧。

蔺相如：一言为定。（施礼，退下）

（三天后，蔺相如随秦国大臣上场）

秦王：（正襟危坐）蔺相如，典礼已经准备就绪，现在该交换和氏璧了吧？

蔺相如：（对秦王深施一礼）和氏璧我已经派人送回赵国去了。您如果有诚意的话，先把十五座城交给我国，我国马上派人把璧送来，决不失信。不然，您杀了我也没用，天下的人都知道秦国是从来不讲信用的！

秦王：（无可奈何地）既然和氏璧已经送回赵国了，就请使者回去吧。

（蔺相如施礼退下）

第三幕 渑池之会

（渑池。赵王、秦王相会，两国大臣两边落座）

秦王：（不怀好意地）听说赵王精通音律，今天机会难得，请赵王鼓瑟助助兴，希望你不要推辞。

（赵王不好推辞，只好鼓了一段）

秦王：（鼓掌，高声地）赵王鼓瑟的水平果然名不虚传。（面向大臣）将赵王为本王鼓瑟之事记录下来。

蔺相如：（十分生气，走到秦王面前）请秦王为赵王击缶。

（秦王装作没听见，继续喝酒）

蔺相如：（大声地）请秦王为赵王击缶。

秦王：（放下酒杯，傲慢地）秦国乃中原强国，要本王为你们弱国国王击缶，真是岂有此理！

蔺相如：（瞪着秦王，义正词严地）您跟我现在只有五步远。您不答应，我就跟您拼了。（大步上前，准备与秦王拼命）

（秦王吓出一身冷汗，战战兢兢地敲了一下缶）

蔺相如：（回到座位上，对一大臣）今天秦王为赵王击缶，将此事记录下来。

秦王：（红着脸）蔺大夫果然机智勇敢。我本想取笑赵王，显显我们秦国的威风，没想到反让蔺大夫取笑了，佩服佩服。来来来，干杯。

（赵王、秦王、众大臣同时举杯）

第四幕　负荆请罪

地点：廉颇府、蔺相如府

人物：廉颇、蔺相如、卫士两人、侍者两人

布景：舞台中央放着茶几，左面、右面是窗户

（廉颇府。廉颇正准备外出，忽然听见两卫士在议论蔺相如，便停了下来，躲在窗外偷听）

卫士甲：（小声地）你知道吗？自从蔺相如在渑池会上立了功，当了上卿，廉将军十分生气，一直想找机会让他下不来台呢！

卫士乙：蔺相如怎么能和廉将军比呢？廉将军攻无不克，战无不胜，立了不少大功，他蔺相如有什么能耐，就靠一张嘴，反而爬到廉将军头上去了。（停了停）听说上次蔺相如坐车出去，远远看见廉将军骑着高头大马过来，他像老鼠见了猫似的，赶紧叫车夫把车往回赶呢。

卫士甲：（摇了摇头，肯定地）依我看，蔺上卿并不怕廉将军。你想想，廉将军与秦王比，谁厉害？

卫士乙：（不假思索地）当然是秦王厉害。

卫士甲：蔺上卿连秦王都不怕，会怕廉将军吗？

卫士乙：（疑惑地）说得也是。那蔺相如为什么要躲着廉将军呢？

卫士甲：秦王不敢进攻赵国，是因为赵国武有廉颇，文有蔺相如。如果他们俩闹不和，就会削弱赵国的力量，秦国必然会乘机来打赵国。蔺上卿避着廉将军，为的是我们赵国啊。

卫士乙：原来如此。

（廉颇听后脸上一阵阵发热。他脱下战袍，背上荆条，向蔺相如府走去。蔺相如听说廉颇前来负荆请罪，连忙放下手中的书，出门迎接）

廉颇：（光着上身，背着荆条，单膝跪在地上，双手抱拳，低着头，惭愧地）蔺上卿以国家利益为重，心胸宽广，而我却为争一口气，不顾国家利益，妒忌蔺上卿，差一点铸成大错。今天我特来请罪，希望上卿大量，不记小人之过。

蔺相如：（一把拉起廉颇，真诚地）廉将军是赵国栋梁，知错就改的勇气令相如钦佩。今后你我齐心协力，共同保卫好赵国。（对侍者，大声地）摆宴，今天我要与廉将军一醉方休。

（两侍者端酒菜分摆在廉颇、蔺相如面前，二人同时举杯，同声说"干杯"）

方法七：亲子演绎法

由父母和孩子共同创编、互换角色在舞台上演绎亲情美，增进亲子情感，感受亲情温暖。例如：妈妈过度关注学习的孩子烦恼不已。在《我和妈妈换角色》中，学生演妈妈，让学生在揣摩角色的过程中体验家长的良苦用心，提升感知美的能力。

情景剧：《我和妈妈换角色》

时间：星期六早晨

地点：小琪家（布置成家庭环境）

人物：小琪、妈妈

小琪正沉浸在周末早晨的美梦中。

妈妈：（敲门）妈妈，妈妈，快起床，快点，我肚子饿了，该吃早餐了！

小琪：（半梦半醒）今天星期六，不上学，不用那么早吃早餐。

妈妈：不行，不行，我还得出去跟朋友逛街呢。

小琪：你自己去买着吃不行吗？

妈妈：外面吃的不健康，我要在家吃。

小琪：你不会自己做吗？

妈妈：今天我是女儿，你是妈妈，是妈妈给女儿做早餐的啊！你昨天晚上说的今天换角色，怎么，你忘记了吗？

小琪：啊？我忘了！我马上给你做。

（一阵忙乱后，小琪穿好衣服进了厨房，学着妈妈的样系上围裙）

小琪：（愁眉不展，自言自语）这一大早上的，拿什么做早餐呢？对了，妈妈之前教过我煎荷包蛋，我就煎两个荷包蛋吧。

（小琪拿出几个鸡蛋，打开燃气，在锅中放了一点油，然后学着妈妈的样把鸡蛋在灶台上使劲一磕，鸡蛋壳烂了，鸡蛋液摊在灶台上，流得到处都是）

小琪：（懊恼地）只好重新再来了，先煎鸡蛋，煎完再收拾吧。

（小琪顾不得收拾，又拿起一个鸡蛋，拿了一只碗，先把鸡蛋磕进碗里，然后再拿着碗往锅里倒。可是油已经烧得太热，油星子溅了出来，溅到了围裙上，衣服上，还有一滴油溅到了她的手上，疼得她哇哇大叫，连忙打开水龙头用凉水冲。等她冲完再来看荷包蛋，蛋已经煎糊了。她又煎了一个，还是没掌握好火候，又煎糊了。没办法，她只能凑合着把黑乎乎的荷包蛋放在了餐桌上）

妈妈：（大喊大叫）这怎么吃啊，我不吃！我不吃！

小琪：（带头吃煎糊的鸡蛋）将就一下吧，你看，我都吃了。

（妈妈盯着小琪，小琪第一口刚塞进嘴里就"哇"全吐了出来）

小琪：算了吧，是没法吃。你不是还要去逛街吗？赶快，我给你钱，你出去一边逛街一边买东西吃。

（小琪从自己的存钱罐里拿出钱递给妈妈）

妈妈：哼，就这样打发我，还说你是妈妈呢，做早餐连一个荷包蛋都煎不好，这是什么妈妈呀！

（妈妈甩门而去，气鼓鼓地）

小琪：（独白）这"妈妈"还没当半个小时呢，就这么失败，"妈妈"真不好当啊，太辛苦了，以后我要多为妈妈着想，要为妈妈多分担一些她的辛苦。

第六节 "七彩舞台"活动课程评价

助力学生养成独特个性是学校以美育带动德智体劳"四育"发展追求的最终目标。为此，学校在实施课程评价时也应注重对学生的个性品德、谈吐举止、审美素质和创造力等情况进行发展性评估，做到评价中的"五育"融合与贯通。

一、课程评价机制

"七彩舞台"活动课程实行多元化评价方式，评价目标、评价主体、评价方法多元化，针对个体特长差异设计不同评价目标，选择不同的评价主体及评价方法，采用自评与他评结合，让学生在自评基础上开展班级互评，还可要求教师、家长与社区居民参与他评。学校提供评价平台，教师、家长在参与评价的过程中提供必要服务和帮助，教师为学生的评价提供咨询和服务，家长为学生的评价当助手。

安乐小学积极创新"七彩舞台"课程评价机制，以"七彩舞台"的"质"与"量"为主要评价要素，采取量化考核、综合评测、成果展示相结合的评价方式，综合评价学生的全面发展与个性成长，建立了开放多元的发展性课程评价标准。首先，将"舞台的量"作为基本评价要素，对学生在活动中的"投入量"进行跟踪性评价，具体考核学生参与"七彩舞台"课程活动的时间量以及对知识和技能的掌握量。同时，要求教师把握量化考核的标准及运作模式，通过对学生在活动中的所展现的成果量等进行综合性衡量，最终形成具备发展指向性的评价结果。其次，以"舞台的质"为综合测评要素，不仅考量学生的知识与技能，也考核学生在活动过程中所体现的探究精神、创新意识、合作能力及情感态度等，并鼓励教师在开展课程评价的同时，为学生提供咨询服务，进一步深化发展性评价的价值内涵。最后，推动个性化考核，关注学生在课程活动中的突出特长或表现，肯定学生的个性化发展价值，对学生的个性化或创新性表现进行适当评定及奖励。为此，安乐小学搭建了"七彩舞台"特色成果展示平台，定期展示学生的个性化创新成果，并邀请教师及家长对学生成果提出具有发展性意义的评价建议。

"七彩舞台"课程评价内容以表3-4为参照，具体评价标准则由学生个人评价表来呈现。

表3-4 "七彩舞台"课程评价内容

评价内容（以班级为单位，以学生为核心）	学生评价标准		
1. 学生活动表现（个人）	非常棒	很精彩	还可以更好
2. 学生活动表现（多人）	非常棒	很精彩	还可以更好
3. 舞台的布景效果	非常绚丽	贴合主题	设计新颖
4. 舞台的灯光效果	非常绚丽	贴合主题	印象深刻
5. 舞台的音乐效果	非常绚丽	贴合主题	印象深刻
6. 节目服装、道具的设计	非常漂亮	美观大方	贴合主题
7. 妆容的效果	年轻活力	个性飞扬	贴合主题
8. 活动创作过程	很顺畅	很团结	很认真
9. 学生对课堂活动的整体感受	非常精彩	令人难忘	还可以更好
10. 家长与班主任对课堂活动的整体感受	非常精彩	令人难忘	还可以更好

二、课程评价形式

（一）班级自我评价

1. 评语式评价

针对同学和自己进行个性鲜明的语言评价。如：

"参加了T台走秀的同学们走出了自信和风采,他们的服饰颜色鲜艳,款式时尚哦!"

"袁帅和陈志钘的相声节目表情到位,笑点多。"

"陈雨欣勤学苦练,她的演唱给了我很大的惊喜。"

"我在朗诵节目中不紧张,觉得自己棒棒哒!"

2. 投票式评价

选出活动中表现突出、有进步的学生,以及最受欢迎的节目和演员等(表3-5)。

表3-5 投票评价表

投票类型	最受欢迎节目	最受欢迎演员	进步最大
票数最高的节目			

3. 班级"七彩舞台"活动学生评价表

每一个主题活动结束后,学生填写班级"七彩舞台"活动学生评价表(表3-6),完成后全体成员均上交一份给班主任教师。

表3-6 班级"七彩舞台"活动学生评价表

活动内容_____ 班级_____ 姓名_____

项目	评价要点	自评(总分10分)	互评(总分10分)
一、在活动中参与的态度	1. 认真参加本次活动		
	2. 努力完成自己承担的任务		
	3. 自主做好活动服装、背景和音乐等准备工作		
	4. 主动提出自己的设想		
	5. 乐于合作,能和同学交流,尊重他人		

续表 3-6

项目	评价要点	自评（总分10分）	互评（总分10分）
二、在活动中获得的体验	6. 善于提问，乐于研究，勤于动手		
	7. 能及时对自己进行"反思"		
	8. 实事求是，尊重他人想法与成果		
三、在活动中学习方法的掌握	9. 活动中遇到困难不退缩，并且自己想办法解决问题		
	10. 能用多种途径获取参加的节目信息		
四、在活动中的实践能力的发展	11. 采用了两种以上的方法进行研究如何更好展现节目		
	12. 有求知的好奇心、探索的欲望		
	13. 独立思考、自主学习，主动发现问题，提出问题，寻求解决问题的方法		
五、活动的体会	14. 自己的总体评价		

（二）兄弟班级评价

每个班级在开展"七彩舞台"活动时，都会发出邀请函，邀请其他年级、其他班级的同学前来观看，并请观众们填写"七彩舞台"整体反馈表（表3-7）和"七彩舞台"节目反馈表（表3-8）。活动结束后，班主任会收集并整理好反馈意见，结合表演视频，适时对学生提出问题所在并给予评价，通过视频让学生更直观地认识到自己的不足，以利于改进。

表 3-7 "七彩舞台"整体反馈表

评分	1	2	3	4	5	改进意见
舞美						
造型						
节目安排						
主题是否符合						
创新点						

表 3-8 "七彩舞台"节目反馈表

［以三（1）班"书香童年，七彩的梦"主题活动为例］

节目名称	舞美	主题符合	造型	音乐	语言
《百善孝为先》					
《让我们荡起双桨》					
《虫儿飞》					
《我的童年》					
《双节棍》					
《游子吟》					
《国学礼赞》					
《司马光砸缸》					
《少年壮志不言愁》					

三、课程评价激励方式——"七彩争章"

"七彩争章"活动是"七彩舞台"活动课程评价的激励机制，通过"七彩争章"激发学生学习热情。

让学生人人都出彩，为学生发展赋能增值。针对学生的不同表现实施不同评价，"七彩舞台"活动课程建立了"七彩争章"教学评价激励机制，对应"策划、组织、合作、创编、表演、分享、传播"7 种能力，设立"策划章、组织章、创编章、合作章、表演章、分享章、传播章"7 色 7 类奖章。由同伴、家长、教师组成联合评委，根据小演员在"导、编、演、播"活动流程中的科目表现给予评价，获得"7枚"奖章即可获得"七彩舞台"银章，获齐"7类"奖章即可获得最高"人生舞台"金章。

图3-8　7类奖章

第七节　"七彩舞台"师资建设

一、教师应具备的美育素养

美育以培养学生的审美意识、审美能力、审美趣味和审美理想为目标，以情感教育为核心，通过培养学生对美的感受力、鉴赏力和创造力来塑造美的人格，培养学生高尚的审美情趣和审美情操，使学生在感受美、鉴赏美、创造美的过程中陶冶情操、健全人格、丰富知识。教师是知识的传播者，是塑造学生健全人格和美好心灵的工程师，新时代教师要承担起培根铸魂、启智润心的教育重任，提升自身的美育核心素养是至关重要的。同时，审美素养包含有美学知识、美感能力、审美鉴赏力、艺术创造力和审美情感等多方面的素养，教师自身具有发现美、感受美、鉴赏美、创造美这些审美能力和审美情感，不仅对教师的专业成长有重要意义，对于教师的职业发展、个体生活的幸福指数提升，也具有相当重要的意义。

教师审美素养包括的范畴是宽泛的，具体而言，大致有以下几个方面：

（一）正确的价值观和高尚的职业情感

这是教师审美素养养成的基础与关键。教师要以美育人，首先就要以美律己。教师要树立共产主义世界观和价值观，具有高尚的政治情操，坚持为党、为国育人，身体力行，践行社会主义核心价值观，以社会主义核心价值观引导学生、培育学生。教师要热爱自己的职业，有坚定的职业信念与崇高的职业追求，明确教师的使命与职责，坚守教师职业道德与职业操守，发自内心地关爱自己的学生，对待工作精益求精、追求卓越，能够在教育教学过程中渗透美的本质与审美规律，能够敏锐地发现美、感知美、表达美和创造美，为学生个体提高审美素养赋能。

（二）良好的形象气质与言行举止

教师的形象气质与言行举止是教师自身美的一种呈现，体现了教师的审美情趣，也是教师美育主导作用的直观体现。教师正是以自身的这种形象与言行举止给予学生潜移默化的美育影响，在言传身教中引导学生去发现美、认知美。在学校生活中，教师的榜样性与学生的模仿性始终是学校教育的基本特征，教师的榜样性体现在符合职业规范的衣着形象、言行的高雅自律、气质的优雅和人格的魅力等方面，这些都会感染学生、引导学生、教育学生，成为最有效的美育途径，以一种外在的美育手段内化为学生的审美价值取向。

（三）美育基础知识与能力

教师要具备基本的美育知识，建立正确的审美标准和追求，达到一定的审美高度。教师需要掌握一定的美育理论，理解什么是美育，明确美育的定位、美育的性质、美育的目标，了解美育的特点与规律，理解课程目标中的"提高学生审美和人文素养"。同时，教师还应掌握一定的美育表达方式，有一定的美育特长，能更好地运用美育的手段与实施美育。

（四）美的教学方式

一方面，教师要具备学科美育的能力。任何学科都有各自的学科美，《关于全面加强和改进新时代学校美育工作的意见》明确指出，"学科融合"是新时代学校美育工作中完善美育课程和教材体系建设的基本理念，强调要加强美育与德、智、体、劳四育的融合,同时指出了不同学科所蕴含的丰富美育资源的具体形态。各学科教师都要具备能充分挖掘学科美育资源的能力,善于发掘所在学科中的美育元素,将自然美、艺术美、科学美与社会美等内容进行有机融合,在学科教学中及时融入美育元素,用好学科美育资源,达到"各美其美、美美与共"的美育效果。

另一方面,教师要具备符合美学规律的教学艺术。教育的最高境界是让学生通过教师教学的美感受到学科知识的美。教育教学的美是科学性与艺术性的完美结合。教师在教育教学过程中,要用审美的眼光看待学生。教育是一门爱的艺术,教师要将涵容真善的审美情感注入教育活动中,以至善、仁爱、审美的眼光看待每一名学生,尊重学生的个性,发现学生的个性之美,尊重学生最本真的主体状态,真正发现学生的存在之美。在这种同声相应、同气相求、共同向美而生的和谐的师生关系中,学生能感受到学习是一种美的享受,进而促进知识能力的掌握、思维能力的拓展,以及审美能力和正确价值观的形成,使身心得以健康成长。

(五) 创造美的能力

教育教学的过程是一个不断在实践中反思、在反思中创新的提升过程,教师的审美创造力更多地体现在教育教学活动的创新中,如制订审美化的教学目标、挖掘审美化的教学内容、创新审美化教学方法等,带领学生从课本中走出,在生活中感知,以完整、鲜活、丰富的教育过程体验生活、感受生命、理解他人、完善自己。

二、教师美育素养的提升

学校美育特色对教师美育素养提出了更高的要求。为提升教师的美育素养,一方面需转变教师美育观念,增强教师美育意识,促进教师自我提升;另一方面学校要为教师创造条件与平台,完善学校美育管理机制,为教师的成长创造良好的氛围与更大的空间。

(一) 转变教师美育观念,增强教师美育意识

"美育"是培养学生认识美、欣赏美、创造美等能力的教育,是强调一种有生命的、个体性的主体状态美。当前学校教育普遍偏重"理性教育",教师自身对美育也缺乏全面的认知,认为美育是艺术学科的教育。学校开展美育工作要落实到学校教育的全方位,首先就要让教师从思想层面摒弃狭隘的美育观,摒弃以某一"学科教育"来理解"学校美育"的片面观点,转变"美

育=艺术教育"的观念,将美育看作是学校普通教育的一部分、是协调当前教育中"感性教育"和"理性教育"的协调剂,以此形成"全面发展"的教育生态。

在教育教学实践中,教师要增强美育意识,以艺术教育作为一种感性教育的有效手段,以多学科为载体,探索跨学科教学的实施路径,通过跨学科的方式引导学生进行"知识经验"的横向联结,让学生了解艺术学科与其他学科和社会生活的广泛联系,提高综合解决问题的能力,进而挖掘出不同学科所蕴含的美育价值,丰富学生的审美经验,推动美育多元化,达成以美育人的教育目标。

(二) 促进自我学习,提升美育素养

教师想要提升美育素养,其中自我学习是一条最有效的路径。教师的自我学习分为3个层面:

1. 美育教育理念的学习

面向新时代,国家出台了一系列美育教育的方针政策,为新时期学校美育工作做出了重要的方向性指引,为开启新时代学校美育提质增速发展提供了根本遵循。在国家方针政策的引领下,全国各地各学校根据相关的美育工作精神,制定了很多新政策,出台了新举措,也探索出可供参考的新路子,积累了许多有成效的新经验。教师要从中学习如何从党和国家事业发展的全局高度,从人的全面培养、人的全面发展、党的教育方针全面贯彻的高度,改变美育观念,切实增强做好学校美育工作的紧迫感和责任感,确保学校美育工作能够落实落地、开花结果。

2. 美育理论知识的学习

古今中外,有关美育的理论灿若星河,教师对美育理论的学习,首先要通过系统的学习整体了解美育的发展脉络以及重要流派,从中去芜存菁、博采众长,教师更要着重学习马克思主义美育观,与新时期中国教育相结合,与立德树人的根本任务相结合,与教育教学实践相结合,在学习中思考,探索寻求破解现阶段学校美育难题的"锦囊",找到实现美育突破的"钥匙"。美育理论知识的学习离不开美育理论书籍,学校推荐教师阅读如王佩雄和黄河清选编的《美育》、吴万里的《美育漫笔》、何齐宗的《教育美学》、王枏的《美丽教师——教师职业美的研究》、张月昆的《教师的审美情趣与教学艺术》等。教师工作繁忙,为提升教师自我学习的效果,学校引导教师每学年制定一份合理的阅读计划,每学期组织阅读交流会交流教师的学习成果。

3. 美育实践路径与经验的学习

美育实践性学习,分为自学和他学。自学是自我学习,教师在教育教学实

践中运用自己所学习到的理论知识解决美育在学科教学中的实际问题，如美育与学科课程的融合、美的课堂模式的探索、课堂节奏与技巧的探索、教师的语言表达艺术、课堂氛围的营造等。他学是借鉴他人经验的学习，可以是借助现今的信息技术，通过信息平台获取美育的实践经验；也可以是实地观摩他人的教学，现场学习，共同探索。

（三）鼓励教师提升自身的艺术素养

艺术教育作为美育感性教育的有效手段，教师拥有一定的艺术素养对于工作而言可谓是锦上添花。教师的艺术素养与自身的个性、从小到大所受的教育有密切关系。现今的年轻教师很多都是多才多艺的，教师可以将艺术元素融入课堂教学中，通过创新教学方法形成自己的教学风格。教师可以通过参加音乐、美术、舞蹈等培训课程，提高自己的艺术素养和技能水平，进一步拓展自己的视野和思维方式。

教师的艺术素养不只是有一定的特长与技能，也包括欣赏美、鉴赏美的能力。教师可以通过多种方式来提升自身多方面的艺术素养，如利用课余时间经常去参观画展、雕塑展等各类艺术展览，通过欣赏优秀的艺术作品吸收新的艺术元素和灵感，了解不同的艺术流派和发展历史。教师还应积极参与当地的文化活动，了解并传承文化遗产，在课堂上可以通过讲解中国传统文化、民间艺术等知识，培养学生的民族文化自信心和审美能力。

（四）学校为教师发展创造良好的美育文化生态

学校积极开展校园美育文化建设，以高雅的美育文化生态引领教师摆脱烦琐、净化灵魂，追求美好的生活境界，抵制社会庸俗文化对学校的浸染，引领教师提升审美意识与能力。根据《关于全面加强和改进新时代学校美育工作的意见》提出的要求，学校为加强与改进学校美育工作，加强了组织领导、经费保障、制度保障。

1. 学校制定了美育工作长期发展规划与相应激励制度

规划中明确了学校美育工作发展的目标、任务，明确了以课程创新和教学方式转变为驱动深化学校美育教育改革，促进核心素养导向下的综合学习与评价研究，坚持以"每班一台戏"这一活动形式推动学校美育的整体工作。

学校制定了相应的美育工作激励制度，建立了科学合理的绩效考评体系，将教师的教学水平、教育成果、教学评价等因素纳入考核范围；制定具体的评价指标和评分标准，通过定期评估教师的教学表现激励教师更加努力，并促进教师间的竞争与交流。

2. 学校为教师创设美育素养提升平台

为加强师资建设，学校为教师提供丰富的美育素养提升机会，例如参与美育学术研究、美育教育培训、艺术展览等活动；组织定期的教育培训活动，邀请专家来校开讲座，邀请知名艺术家和文化创意人才来校指导，为教师提供美育前沿的教学理念和方法，引导教师不断更新知识和提升技能，培训内容包括美育教学设计、教学技巧、学科知识的更新等方面，以提高教师的教学能力和专业水平。

第四章 "七彩舞台"美育活动课程的校本实践

第一节 "七彩舞台"舞台模型

"七彩舞台"美育活动课程旨在给学生一个展示的平台,面向每一个学生,解放每一个学生,促进学生全面发展。"七彩舞台"为学生开辟了一个新的活动阵地,整个过程以学生自主实践为主体,以"班班一台戏、人人都参与"的方式组织活动,引导学生们积极参与班级各项活动的策划和组织,打造自我表演、自我展示、自我娱乐、自我服务的梦想舞台。学生在自主探索活动中获得知识,学习创新,解放天性,培养能力,使"七彩舞台"真正成为一个学生展现自我、张扬个性的舞台。

安乐小学的"七彩舞台"活动课程搭建了"班班搭台满足人人登台、个人/小组/集体都能登台,以'说、学、逗、唱、诵、奏、舞'为表演形式"的"搭登演"舞台模型。

图4-1 七彩舞台"搭登演"舞台模型

（1）"我们班的七彩舞台"。这是"七彩舞台"舞台模型的基石，为学生搭起"赢"的根基。以"每班一台戏"的形式在全校各个班级开展，保障了美育活动课程"面向人人"。在教学时间安排上，各班充分利用综合实践课①②、社团活动课和班队活动课等，合理安排课程相关知识的学习活动，课程实践任务则利用周末和课余时间去完成，并对已学课程知识进行温故知新。每个班每学年开展一次"七彩舞台"综合性演出实践活动。

（2）"创编排练"。这是"七彩舞台"活动的内容与过程。"台上一分钟，台下十年功。"在创编过程中，学生要学会内容的选择与把握，要打破思维的局限，拆除学科课程之间的壁垒，跨学科对内容进行创造；同时，对"说、学、逗、唱、诵、奏、舞"等艺术表现形式进行深入学习与探究，将内容与形式融合，促进了审美素养的快速提升。在排练过程中，一方面，学生学会与他人合作，学会与同学、老师、家长等不同的人交流，培养了合作意识与合作精神，同时也慢慢掌握了合作的原则、方法与技巧。另一方面，在实践中培养了学生的批判意识，学会理性审视问题；培养了学生解决问题的能力，不断地突破自我，向更高的审美层次迈进；培养了学生学习技能的兴趣，坚定了学生发展特长的决心；在心理层面，激发了学生想赢的意识，增强了克服困难的勇气与信心。

（3）"个人登台""小组登台"。这是学生登台的方式。学生既可以发挥个人特长，获取个人荣誉感；亦可将个人特长融入集体之中，与他人合作，以小组形式登上舞台，获取集体荣誉感。

（4）"人人登台"。无论是"个人登台"还是"小组登台"，最终的结果是实现了"人人登台"，实现了美育与其他"四育"的融合，实现了各种表演形式的百花齐放。每一个人都能站在舞台之巅，发现自我，实现自我，收获"赢"的喜悦与自豪，收获成长的自信！

第二节 "七彩舞台"节目创编

自"七彩舞台"活动课程开展以来，经过20年的发展，在家长的积极参与和协助下，"七彩舞台"课程建成了丰富的音像视频等资源库，收集了700

---

① 郭元祥. 当前综合实践活动课程的现状与问题［J］. 基础教育课程，2006（8）.
② 蔡瑞峰. 小学综合实践活动课程实施现状与比较［J］. 课程教育研究，2019（2）：155－156.

多场共4000多个节目的音像视频或台本。按主题分，有爱国主义、传统文化、环境保护、廉洁文化、慈善文化、学法懂法、交通安全等。按表演形式分，有语言类1000余个、器乐类900余个、课本剧300余个、舞蹈1100余个、声乐类1200余个、戏曲类200余个。其中，在家长和教师的协助下，以学生为主体创编的节目占据了越来越多的比例，学生创编能力日益提升，技巧越来越娴熟，节目水平也越来越高。

一、朗诵类节目创编

朗诵类节目是学生较为容易创编的节目类型。朗诵是一种语言艺术，也是一种听觉审美艺术，不只是要对文本进行有感情的诵读，还要通过诵读激起听众的感情共鸣，提升审美感受。朗诵是具有审美思考的艺术表达活动，如何将静态的文字插上动态的有声语言的翅膀，是创编朗诵类节目的关键。

创编朗诵类节目要着眼于以下几点：

一是选择合适的文本。诗词歌赋、古今中外，可供选择的文本可谓数不胜数，在选择文本时，首先要考虑内容主题是否积极向上、是否有教育意义、是否有很强的审美可塑性。小学生多会选择现当代的一些优美诗作，这些文本的文字本身多能给人带来良好的审美感受。

二是要深刻理解文本。话剧演员高重实说："在舞台上说话念词，必须自己先弄清这词的内在含义和说这话的目的。如果脑子里没有，或者还没弄清楚，当然表达起来就含混不清，言不由衷。只有弄清楚了，才能打得准、打得稳；把词义理解得透彻了，才能说得深刻有力。"对选定的文本进行创编，一定要深入走进作者创作作品时的情感世界，走进作品的灵魂，同时还要对文本的整体结构与层次进行全面的把握，这都需要创作者、表演者对作品具备极强的理解力与感受力，这样才能通过自己的二次创作以自己的声音将观众带入创编者所营造的文本意境。

三是要善于运用各种朗诵技巧。节奏、重音、停连、语气、情感等要技巧化，不能简单地机械化处理，而要结合自己的个性创编出与别人不一样的作品。

四是要借助各种朗诵表现形式。背景音乐的选择与运用、朗诵者的身体语言等都可以增强文本的形象美、韵律美、意境美、情感美、和谐美等，增强创编作品的感染力。

第四章 "七彩舞台"美育活动课程的校本实践

我骄傲，我是中国人

朗诵：隋沁扬、梁杨文赞

文赞：
在无数蓝色的眼睛/和褐色的眼睛之中，（稍快）
我有着/一双宝石般的/黑色眼睛，（稍慢）
我骄傲，我是中国人！（深沉有力，掷地有声）
沁扬：
在无数白色的皮肤/和黑色的皮肤之中，（稍快）
我有着/大地般/黄色的皮肤，（稍慢）
我骄傲，我是中国人！（深沉有力，掷地有声）
合：
我是中国人——（声音舒长）
沁扬：
黄土高原/是我/挺起的胸脯，（适当用快语气）
黄河流水/是我/沸腾的血液。（语调高昂，朗诵出黄河的奔腾气势）
文赞：
长城/是我扬起的手臂，（语速逐渐加快，可有态势语）
泰山/是我站立的脚跟。（坚定的语气，语速变慢）
沁扬：
我是中国人——
我的祖先/最早/走出森林，
我的祖先/最早/开始耕耘。（语速较慢，读出历史岁月的漫长）
文赞：
我是/指南针、印刷术的后裔，
我是/圆周率、地动仪的子孙。（读出坚定，每一项都值得自豪）
沁扬：
在/我的民族中，（转变语气，舒缓）
不光有/史册上/万古不朽的（略带思考状）
孔夫子、司马迁、李自成、孙中山，（语速要慢，历数历史人物）
还有那/文学史上/万古不朽的（略带思考状）
花木兰、林黛玉、孙悟空、鲁智深，（逐渐变快，读出气势）
我骄傲，我是中国人！（自豪之情油然而生）
文赞：
我是中国人——（声音舒长）

在我的国土上／不光有，（句子末尾语音拖长）
雷电轰不倒的／长白雪山、黄山劲松，（前半句刚，后半句柔）
还有那／风雨不灭的／井冈传统、延安精神！（读出斩钉截铁的斗志）
我骄傲，我是中国人！（充满战斗的激情）
沁扬：
我是中国人——（声音舒长）
我那黄河一样／粗犷的声音，（读出黄河宏阔的气势）
不光响在联合国的大厦里，（语速加快）
大声发表着／中国的议论，（斩钉截铁，不容侵犯）
也响在／奥林匹克的赛场上，（远眺，语速稍慢）
大声高喊着／"中国得分"！（加快语速，声调加强，可有握拳态势）
当掌声／把五星红旗／送上蓝天，（柔中带感动颤音，抬头望）
我骄傲，我是中国人！（稍停，结句深沉而兴奋）
文赞：
我是中国人——（带有自豪的舒长）
我那长城一样的／巨大手臂，（稍慢）
不光把采油钻杆／钻进外国人（逐渐加快，与下面的句子一气呵成）
预言打不出石油的地心，
也把通信卫星／送上祖先们（与上一句紧接）
梦里也没有到过的白云，（读出自豪之情，稍停顿，抬头）
当五大洲／倾听东方声音的时候，（形成对比，柔声舒缓，作倾听状）
我骄傲，我是中国人！（一字一顿）
沁扬：
我是中国人——（本句较前面相同句子稍高亢）
我是／莫高窟壁画的传人，
让那／翩翩欲飞的壁画／与我们同往。（两句稍慢，语气略带沧桑）
文赞：我／就是飞天，（声音高亢）
飞天／就是我们，（加快语速）
合：
我骄傲，我是／中／国／人！（大声喊出）
合：
我骄傲，我是／中／国／人！（大声喊出，语气激动）

第四章 "七彩舞台"美育活动课程的校本实践

校园新三字经

一、立大志

春日暖，秋水长，和风吹，百花香。青少年，有理想，立大志，做栋梁。
天行健，人自强，生我材，为兴邦。倡和谐，民所望，兴道德，国运昌。

二、惜时间

人之春，在少年，光阴迫，惜时间。生有涯，知无限，苦攻读，莫偷安。
求学路，曲弯弯，路是弓，人是箭。头不回，弦不断，志不渝，永向前。
大海阔，踏浪尖，高山险，勇登攀。守琴心，抱剑胆，温而厉，恭而安。
铁可磨，石可穿，攻必克，胜必谦。

三、感师恩

我学子，重师礼，感师恩，为人梯。燃红烛，化春泥，呕心血，育桃李。
授知识，传道义，人才群，功德碑。

四、学与思

学与思，琢与磨，知与行，相交错。成于勤，毁于惰，荒于嬉，败于奢。
省吾身，思已过，言必行，行必果。败与胜，非天命，得与失，乃互生。

五、守纪律

知荣辱，习礼仪，不知礼，无以立。

六、孝第一

明人伦，孝第一，家道昌，门风立。对长辈，忌无礼，凡出言，用敬语。
虐老人，悖情理，天不容，法不依。父母老，勿嫌弃，若有病，快就医。
勤照料，细护理，寸草心，报春晖。羊跪乳，乌反哺，父母在，儿孙福。

七、讲礼貌

倡五讲，揭新篇，尊四美，扬新帆。讲文明，忌野蛮，讲礼貌，忌傲慢。
讲卫生，忌污染，讲秩序，忌散漫。讲道德，忌空谈，日日新，不间断。
心灵美，无邪念，语言美，无脏言。行为美，做典范，环境美，建乐园。

八、奔大同

我中华，开新纪，倡文明，兴正义。五千年，文化力，传至今，了不起。
好传统，莫荒弃，百福临，千祥集。和谐经，警世钟，铭在心，贵在行。
和平颂，入太空，和谐曲，咏无终。建小康，求繁荣，兴中华，奔大同。

新安乐，新气象；老校园，大变样。园丁勤，花儿香；学子聪，有理想。
同学缘，源流长；师生情，莫敢忘。安于教，教有方；乐于学，学自强。
安乐未来更——辉——煌——

我长大了
小组朗诵

馨馨：从我出生那刻起，又有一条生命来到了这里。出生后的每个日子里，家里充满了欢声笑语。

子悦：1岁了，我学习走路，妈妈架着我的身体，奶奶在另一头着急，我走得歪歪斜斜，你们夸我："宝贝，了不起！"

政宇：2岁了，我学着说话，会叫："爷爷、奶奶、爸爸、妈妈"。叫得你们笑哈哈。慢慢地，越长越大，终于能说完整的话。

乐洋：3岁了，我学着吃饭，拿着小勺，捧着大碗，大口大口往下咽，掉了满地，吃得很欢，奶奶把我的嘴角擦干。

王可：6岁了，我进入小学，穿好校服，背起书包，在校园快乐的学习和游戏。看着我的身影，你们开心得合不拢嘴。放学路上，爷爷把我的书包背起。

森睿：关注我们的眼睛永远那么多！呵护我们的双手永远不会少！

政宇：妈妈，请放开您温暖的手，让我独自向前走。

子悦：爸爸，请放开您慈爱的手，让我与一切困难、一切胜利交朋友。

馨馨：老师，请放开您关爱的手，请您相信我在困难和挫折面前不会低头。

乐洋：我想长大！我要长大！可是，什么才叫作长大呢？

王可：妈妈说："长大是从蹒跚学步到展翅高飞！"

森睿：爸爸说："长大是从牙牙学语到出口成章！"

政宇：老师说："长大是从一张白纸到色彩斑斓！"

子悦、森睿：哦！我明白了！长大是一件快乐幸福的事情！

王可、政宇：我们在长大的过程中获得知识。

馨馨、乐洋：我们在长大的过程中获得快乐。

合：今天，我们长大了！亲爱的爸爸、妈妈、老师，请你们放心，我们是已经启航的小船，将勇敢地驶向大海，迎接风浪！

"歌颂祖国"朗诵串烧
（一）祖国妈妈

您是蓝蓝的天空，
我们是展翅高飞的小鸟；
祖国妈妈，

您是广阔的海洋,
我们是海中欢快的鱼群;
祖国妈妈,
您是富饶丰美的草原,
我们是幸福顽皮的小羊;
啊,祖国!
您是慈祥的母亲,
儿女们要努力学习,
天天向上,
从小奋发图强,
长大为您添彩增光!

(二) 歌唱祖国

我的祖国,
可爱的中国,
你创造了辉煌的历史,
你养育了伟大的民族。
我自豪你的悠久,
数千年的狂风吹不折你挺拔的脊背,
我自豪你的坚强,
抵住内忧外患闯过岁月蹉跎。
我自豪你的光明,
中华民族把自己的命运牢牢掌握,
我自豪你的精神,
改革勇往直前,开放气势磅礴。

(三) 祖国,感谢您

祖国,感谢您!
感谢您赐予我金色的生命!
黄皮肤,黑头发,黑眼睛,
让我的身体里流着炎黄子孙的热血!
祖国,感谢您!
感谢您给予我优美的环境!
游黄山,登长城,过三峡,

让我在这青山绿水中自由地徜徉!
祖国,感谢您!
感谢您传授我渊博的知识!
学天文,习地理,明历史,
让我在知识的海洋中尽情地遨游!
祖国,感谢您!
感谢您所给予我的一切!
千言万语,汇成一句:
——感谢您,我的祖国母亲!

(四)我骄傲,我是中国人!

在无数蓝色的眼睛和褐色的眼睛之中,
我有着一双宝石般的黑色眼睛。
我骄傲,我是中国人!
在无数白色的皮肤和黑色的皮肤之中,
我有着大地般黄色的皮肤,
我骄傲,我是中国人!
我是中国人——
黄土高原是我挺起的胸脯,
黄河流水是我沸腾的热血;
长城是我扬起的手臂,
泰山是我站立的脚跟。
我是中国人
我的祖先最早走出森林,
我的祖先最早开始耕耘。
我是指南针、印刷术的后裔,
我是圆周率、地动仪的子孙。
在我的民族中,
不光有史册上万古不朽的
孔夫子、司马迁、李自成、孙中山,
还有那文学史上万古不朽的
花木兰、林黛玉、孙悟空、鲁智深。
我骄傲,我是中国人!
我是中国人——

我那黄河一样粗犷的声音，
不光响在联合国的大厦里，
大声发表着中国的议论，
也响在奥林匹克的赛场上，
大声高喊着"中国得分"。
当掌声把五星红旗托上蓝天，
我骄傲，我是中国人！
我是中国人——
我那长城一样的巨大手臂，
不光把采油机钻杆钻进
预言打不出石油的地心，
也把通信卫星送上祖先们
梦里也没有到过的白云。
当五大洋倾听东方声音的时候，
我骄傲，我是中国人。
我是中国人——
我是莫高窟壁画的传人，
让翩翩欲飞的壁画与我们同住。
我就是飞天，
飞天就是我们。
我骄傲，我是中国人！

"妈妈的爱"朗诵串烧
（一）感恩的心

沐浴着爱的阳光，
感受着爱的滋润，
倾听着爱的语言，
走在充满了爱的道路上。
爱，来自哪里？
来自妈妈的怀抱。
妈妈的爱是一杯浓浓的茶，
妈妈的爱是温暖的摇篮。
爱，来自哪里？
来自妈妈的一声问候。

妈妈的爱是雨中的一把伞，
妈妈的爱是寒风里的一件棉衣。
因此，
我要怀着感恩的心，
去细细品尝那一杯茶。
因此，
我要怀着感恩的心，
去听听那一声声唠叨。
我更要怀着一颗感恩的心，
去轻轻叫一声："妈妈！"

（二）妈妈的爱

小时候，
妈妈的爱藏在怀抱里，
抱着它，暖烘烘的。
上学后，
妈妈的爱藏在书包里，
背着它，沉甸甸的。
离家后，
妈妈的爱藏在相片里，
看着它，笑呵呵的。
啊！
妈妈的爱。
你无处不在，
就在我身边。

（三）只有您

寒冷的深夜里，
在马路上奔跑的，
只有您——
母亲；
手术室门口，
伤心哭泣的，
只有您——

母亲；
幼儿园门外，
焦急等待的，
只有您——
母亲；
明朗的星期天，
与我快乐奔跑的，
只有您——
母亲。
无论是在什么时间，
无论是在什么地方，
无论是有什么情绪，
都是您，
一直地守候，
一直地等待，
一直地安慰，
一直地操劳，
是您——
就是您——
我伟大的母亲……

"念那美丽的校园"朗诵串烧
（一）校园早晨

风儿带走夜的鼾声，
校园从甜梦中醒来了，
晨风给她揉着眼睛，
宁静的校园顿时变得热闹起来。
大姐姐走进校园里来了，
背着书包，
和同学们有说有笑。
大哥哥跑进校园里来了，
拿着零食，
津津有味地吃着。
小同学蹦蹦跳跳地走进校园里来了，

背着五颜六色的书包，
和同学们玩着游戏。
动听的上课音乐响起来了，
就像黄莺在唱歌，
同学们有序得走进教室，
校园里回荡着朗朗的读书声。
老师急匆匆地走进教室里，
手上抱着厚厚的讲义，
为同学们送来丰富的知识，
新的一天开始了……

（二）毕业了

那栋五楼高的绿楼依旧耸立；
那棵二人抱的榕树依然直挺。
然而，
今年的木棉花提示着，
仅停留六年的我们即将别离。
一张张旧照片，
记录了六年的点点滴滴。
惊险刺激的球场，
曾经摔伤的运动跑道；
弥漫恐惧气氛的健康中心，
或是充满荣耀与自信的司令台，
依稀存在心里。
想着那天，
即将迈向另一段旅程的那晚，
眼泪在眼眶中打转，
婆娑面对不舍与感伤。
我会努力圈上一个完美句点，
勇敢地飞向那片蓝色天空。

（三）母校

伟大的母校，
您是春天的太阳，慢慢升起，

让我们有了温暖,
我们被您感动,我们因您而骄傲。
您是翅膀,
带我们在知识的太空翱翔;
您是水,
悄悄地流进我们的身体里。
您是风,
把我们吹走,
让我们拥有美好的明天。
您无私的奉献,
让我们成为世界上最炫丽的花朵。
我渺小的心灵,
为您绽放,
愿母校越来越美丽。

"赞我敬爱的老师" 朗诵串烧
(一) 老师的微笑

老师的微笑,
是风中的帆。
没有风,
哪有起航的船。
老师的微笑,
是晨曦的露珠。
没有露珠,
哪有折射出的七彩阳光。
老师的微笑,
是学生心中的糖。
没有糖,
哪能尝出口中的甜。
老师的微笑,
是梦幻中的风筝。
没有梦,
哪有风筝飞得那么高那么远。

(二)老师,妈妈

老师您是一位园丁,
却更像一位慈祥的妈妈。
在您眼里,我们都是孩子。
在您心里,我们都是宝贝。
您不仅给了我知识,
还教了我做人的道理,
更给了我妈妈般的爱。
在您无数个眼神里,我看到了希望。
在您灿烂的微笑里,
我增添了信心。
我爱您老师,
我爱您妈妈。

(三)教师颂

别人从生活中捞取黄金,
您只能获取花香。
您的黄金是早晨的太阳,
您的银子是十五的月亮,
但您依然快乐地吹着口哨。
您的自豪是桃李芬芳。
你是蜡烛,
闪耀微弱的烛光;
你是园丁,
流下辛勤的汗珠滴滴闪亮。
啊!
老师——
你把我培养成人,
让我为祖国发光。
啊!
老师——
你教会我怎样做人,
我的血液里有你的心血在流淌!
老师,辛苦了!

是谁——
把无知的我们领进宽敞的教室，
教给我们丰富的知识？
是您！老师！
您用辛勤的汗水，
哺育了春日刚破土的嫩苗。
是谁——
把调皮的我们教育成能体贴帮助别人的人？
是您！老师！
您的关怀就好似和煦的春风，
温暖了我们的心灵。
是谁——
把幼小的我们培育成成熟懂事的少年？
是您！老师！
您的保护让我们健康成长，
在金秋时节结下硕果。
您辛苦了！老师！
在酷暑严寒中辛勤工作的人们。
您辛苦了！老师！
把青春无私奉献的人们。
我们向您致以崇高的敬意！
——您辛苦了，老师！

二、舞台剧节目创编

余秋雨在《世界戏剧学》中认为："戏剧是学习语言最好的方式和手段。孩子们在真实的语言交流场景中以戏剧角色的身份去听和说，这尤其符合儿童学习发展的需要。"对于儿童，戏剧的魅力所在，是运用戏剧的元素设计各种体验，让自己走上一个小小"舞台"，成为自己心目中的小小"演员"。"七彩舞台"的舞台剧创编不以学习戏剧知识和表演技能为重点，而是通过角色扮演、虚拟情境等戏剧方式，让学生在其中学会自信、坚定走好人生每一步；学会控制，独立思考，以更好的状态应对人生每一个挑战。

舞台剧的创编以学生的生活和所熟知的儿童世界为内容，如将课文改编成课本剧，将英文课文改编成中文课本剧，将中文课文改编成英文课本剧；将生活中的场景搬上舞台改编成情景剧；将童话改编成剧本；甚至自己创作自己的故事剧本。

学生的剧本创编都体现了对真、善、美的追求，对自我个性、品行完善的需求。

情景剧：《课间十分钟》
六年（1）班

齐读：卢沟渡，摆渡船，渡走春秋渡秦汉，金中都，烟云散，留下古桥写江山……

老师：下课！

班长：起立！

齐起立：谢谢老师！

男生1：曾宇轩，快！我们去踢球。（两男生迅速拿球）

班长：陈俊豪，曾宇轩，不能在走廊上踢球——

男生1：我们是在踢球吗？没文化。

男生2：就是就是，我们这是贝利式运球。

班长：我告老师去！

男生1：去告去告啊，我的地盘我做主，哼！

男生3：快，快闪开！我要上厕所！我要上厕所！哎哟（摔倒），我的牙！

众生：詹舰，你怎么啦？你怎么啦？

女生：我去找老师去。

老师：你们怎么又闯祸了！快扶他去校医室！（班长帮扶）

班长：不好啦，出大事啦！医生说曾宇轩门牙掉了一颗，额头伤口挺深的，需要缝针呢。

众生：啊，这么严重！

男生1、2：这、这可怎么办？（挠头）

班长：提醒下课不要追逐打闹，你们就是不听，这下闯大祸了吧！

上课铃声响

老师：同学们，今天课间，班里有些同学没有遵守学校要求，以致发生了严重的安全事故。

男生1、2：老师，这件事是我们做得不对，我们没有遵从学校和老师的要求，课间安静、文明休息，而是在走廊上踢足球，以致撞伤同学，老师，对

第四章 "七彩舞台"美育活动课程的校本实践

不起！同学，对不起！

男生3：王老师，这件事我也有不对的地方，下课没有及时上厕所，快上课了，才匆匆忙忙跑去上厕所，导致和同学相撞。对不起，王老师！

老师：能够认识错误，老师非常高兴。（面向观众）老师也希望其他同学能从这件事中汲取深刻教训。那么，同学们，我们应该怎样度过课间十分钟呢？

生1：一下课，应该先准备好下节课学习用品，这样下节课就不会手忙脚乱。

生2：下课后，及时上洗手间，不要等快上课了，才匆匆忙忙跑去。

生3：可以到室外呼吸新鲜空气，眺望远处或注视绿色植物，这样可以放松心情，保护视力，预防近视。

生4：也可以跟老师、同学交流，或看看课外书，不能在教室、走廊、楼道追逐打闹，既影响别人休息和活动，又容易发生意外事故。

老师：同学们说得非常好，让我们合理安排课间休息，健康、安全、快乐地度过课间十分钟。

生齐：走廊内，守纪律，走路说话静悄悄，上下楼梯不拥挤，靠右行走讲秩序，走廊过道不追逐，课间休息不打闹，校园欢乐游戏多，游戏安全记心窝，校园安全靠自己，校园安全数第一。

情景剧：《小明的故事》
第一幕　读书的缘由

时间：晚上
地点：家里
人物：家长（吴泽涛）
　　　孩子小明（何瑞奇）

（桌子一张，椅子两张。小明背着书包，爸爸在看报）

旁白：六年（5）班有个孩子叫小明，我们一起来看看他小学时的几个故事吧。

小明：（敲门，模仿某电视节目《爸爸去哪儿》）老爸老爸，快来开门呀！你的儿子放学啦！

家长：（放下报纸起身，笑着快步走到门前，也敲了敲门）同志，暗号！

小明：（清清嗓子，脸红尴尬地朝楼上、楼下大声喊）哪家老爸那么帅，咦，原来是小明爸呀！

家长：（哈哈大笑，开门，摸了下孩子的脸）儿子，你真可爱！

小明：（对着老爸笑）你更可爱！（放书包到桌子上）亲亲老爸，今晚我老妈不在，要不咱们整些肉吃？

家长：好！你老爸手能提钢枪，气能吞山河。弄份好吃的给你！

小明：（眼睛放亮）啥？

家长：（回桌底拿出泡面）来一桶！

小明：（推回那桶面）爸，还是我来点美团吧！手机——（爸爸拿出手机给小明）

家长：嗯？霉团？发霉的团的东西不都发霉变质了，怎么好吃？

小明：哪里啊，老爸！美团又快又好吃还方便，简直是懒人必备神器之一！我已经准备下单了，我们就等一小会儿吧！

家长：健康才是最重要的！唉，我最近听别人讲顺丰的食物很健康，还好吃。明儿，他们的食物全都是用纸箱子封得紧紧的呢！

小明：啥？顺丰？卖吃的？爸，顺丰是送快递的！

家长：明儿！怎么你脑子变笨啦？顺丰明明是送快……啊，不只是吃饭的啊，还送快递！

小明：老爸！你不信，就问问别人去！你可能不懂这些玩意吧！

家长：哎呀，看来人不学习都不能和时代接轨啦！人老啦！

小明：老爸，别灰心呀！老师说"人要活到老，学到老"呢！没关系，我不是也在认真读书吗？我把上课学到的知识都回来和你讲讲！

家长：哎呀，我儿子了不得。那从今天起，我们就一块儿学习！

小明：好的。老爸，我把我的语文书给你，你在椅子上端正坐好！

家长：（小明拿书、软皮抄，家长坐好）好的，儿子。

小明：（站在远处喊）叫我老师！上课！

家长：老师好！

小明：请坐。今天先抄一遍21课的生字词！

家长：（打开生字词本看了看，举手）报告老师，这不是你今天要完成的语文作业吗？

小明：（飞快地）少说话，多做事！

第二幕　少壮不努力

时间：中午放学

地点：办公室

人物：小明（学生何瑞奇）

一分（学生罗晟皓）
李老师（赵麒竣）

（桌子一张，椅子一张，作业两本，老师坐在椅子上，低着头，学生站在桌子旁）

（旁白：小明就这样白天学习知识，晚上回去教爸爸了。可有天中午放学他却被留下来了。留下来的还有个同学叫"一分"）

老师：（手拿两本作业）回答我，这是什么？

小明、一分（齐）：作业。

老师：（作业一放）什么叫"作业"？

小明：作业是"灯"，照耀我前进的道路！（向前的手势）

一分：作业是"毒"，阻断了快活的人生！（哭状）

老师：（面向小明）嗯，有文采！小明这思想觉悟高，可你的语文分数严重跟不上你的思想。思想90分，成绩10分！

一分：嘻……（捂嘴偷笑）

小明：（尴尬笑了笑）是，老师，我会继续努力的！

老师：（眼睛看向一分）一分呐，你可别笑！你的语文分数正如你的名字，还真争气，成绩很稳定，每回就一分！

小明、一分：谢谢老师夸奖，我会继续努力的！

老师：还是说回你们的作业吧。昨晚的作业是用"大吃一惊"造句！一分，你读读你的。

一分：（接过作业本）我大吃一惊！

老师：你这是什么造句呀！

一分：老师你不觉得我很聪明吗？很多词我只要加上个"我"就成句子啦。"我囫囵吞枣""我张冠李戴""我狼心狗肺""我虎背熊腰""我貌美如花""我婀娜妖娆"……

老师：停！这哪是聪明，这是智力水平堪忧！

一分：老师，你夸我呢？

老师：是的，我夸你！夸你耍小聪明，夸你断章取义，乱造句！"貌美如花""婀娜妖娆"是拿来形容男人的吗？

一分：嘻嘻，老师，不都可以吗？

老师：成语是我们中华文化的瑰宝，不能乱用。你好好学！

一分：（低头）是，老师！

老师：（回头看小明）还有你！你看看，你写的是什么句子：我们小区楼下垃圾堆成了小山，我大吃一斤。这个句子造得是好，但是为什么"大吃一惊"的"惊"变成了一斤两斤那个"斤"？你告诉我，你大吃了多少斤垃圾呀？

小明：也就吃了两三斤，真好吃！乌黑里透着白，抹了一层金黄的油，抓在手里滑嫩滑嫩的，闻一闻，啊！真香！放进嘴里，那弥漫的香气让人吃了还想吃！你看……

老师：停停停，你的爱好真特别！"垃圾"吃多了，脑袋里也有了！要去掉！把"斤"字给我改过来！

小明：是，老师。下次我会注意的。

一分：哎呀！老师你不要那么苛刻嘛！难免会错一点的嘛！对不对？龙子他老人家不是说过"人非圣贤，孰能无过"吗？

老师："龙子"是谁？是"孔子"！而且你们这叫错一点啊！整句话的意思都变了好吗？

一分：老师，我们这叫思维空间很大。

老师：你们思维已经偏轨了好吗？老师这只陀螺为你们转得太久了，都要散架了。

小明、一分：（互看一眼，一齐低下头）老师，对不起。以后我们会努力的，不辜负您的良苦用心！您别做陀螺，我们不想看您散架，不想您离开！你就做我们永远的指明灯吧！

老师：（老师摸摸孩子的头）小明、一分，还真懂事呀！要努力哟！记住"少壮不努力，老大徒伤悲"！

第三幕　毕业啦

时间：课间

地点：六年（5）班教室

人物：小明（学生1 何瑞奇）
　　　一分（学生2 罗晟皓）
　　　小颖（班长，学生3 段佳欣）
　　　小馨（学生4 徐文清）
　　　小奇（学生5 余俊鑫）

（桌子6张、椅子6张，6个学生课间坐在位子上，做自己的事情，小明在左边第一位，一分第二个，小颖第三……）

小颖：同学们，今天呐，是圣诞节呀！

一分：班长，真的呀！音乐响起！（放歌曲《铃儿响叮当》，孩子们跳起来，唱起来，围成圈。台下圣诞老人派发糖果）

第四章 "七彩舞台"美育活动课程的校本实践

小明：（歌曲完毕，全部回到座位）哇，我看到圣诞老人在发礼物耶！老师等会也会发给我们吧？

小奇：铁定的啦！老师那么好！我们班那么棒！

小馨：没错。我还记得我二年级的时候，老师看我受伤了，亲自扶我去校医室。

小奇：我也记得，有一次语文考试没考好，流了一节课眼泪，同学们都安慰我。

小明：是啊，想这几年的运动会上我健步如飞。

一分：对的，我也想起了我这几年1分的试卷。（其他人笑了，唯独小颖没笑）

小颖：（哭丧着脸）亲爱的同学们，我们就要毕业啦！

其他人：（异口同声）毕业？（各自讨论起来）

小明："毕业"这个词真恐怖！毕业就意味着我们要分别了！

一分：别呀！我可真舍不得你们！你们说好要看我考2分的呢！

小颖：哎呀，没想到说了6年，还是没看到你突破1分！你加油！（其他人笑）

小馨：是呀！老师上课教我们知识，下课教我们做人，甚至校外都还要操心我们是否安全到家。

小奇：我也舍不得老师，你们看小学的每位老师对我们多好呀！这些年有许多的不懂事，都让老师操心了，真是感谢老师！

小明：嗯！我得等会去讨点糖送给我最亲亲亲爱的老师们！祝他们"甜甜蜜蜜"！

小颖：（急忙地）得得，送糖可以，"甜甜蜜蜜"就不要了，你又乱用词语了。10年后见你。你也要长进噢！

小明：得勒，小明子遵命！（起来学奴才鞠躬）

小颖：其实呀，我们要感恩的人很多呀！感恩学校给我们提供了一个这么好的环境，感恩老师6年来的辛苦付出，感恩同学的关爱和包容，感恩父母无私无悔的付出！

小馨：我感恩我承受过的挫折和失败，感恩我收获过的成功和喜悦。

小奇：我感恩6年的时光，感恩我上过了6年学，我感谢命运让我遇到所有的人，所有的事，让我有所经历，有所成长。

一分：我感恩我借过的橡皮擦。

其他人：（看向一分）啥？

一分：嘿嘿，是同学啦！

其他人：噢！

小明：愿我们心永不分离！六年（5）班加油！

全部人：加油！（叮叮叮，上课铃声响起）

旁白结束：小明就这样毕业了，这就是他小学的故事。你们呢？

情景剧：《坚持，她们成功了》

剧情简介：

一个普通寝室里4个女生（小悦、远远、果子、豆豆），她们相信缘分让四人聚在一起。她们充满活力，在一起学习，一起去打饭，一起打打闹闹，各有各的"特色"……俗话说，人无完人，她们也不例外。她们有一个很不好的习惯——太热衷于零食。刚住在一起时，她们就发现彼此的爱好一样，都爱吃不爱动。一般不上课时，除了出去买零食，4个人都是窝在寝室。半年悄悄溜走了，4个人都发现自己都变胖了许多，开始为自己的体重烦恼。最后4个人在坚持不懈地运动下，终于变回了自己原来的身材，也懂得了许多……

演出目的：

（1）许多大学生都不能坚持完成一件事情，不能坚持自己的理想，错过了许多成功之花的绽放。本剧通过一件事情让同学们学会坚持，相信自己，勇敢追求自己的梦想。

（2）让大学生明白"坚持就是胜利"，并学会这种品质——坚持。

第一幕

人物：小悦（寝室长）、远远、果子、豆豆

地点：寝室

剧情：放学后，四人去食堂吃饭后，像往常一样直奔寝室，只听里面飘出一片欢声笑语……

小悦自述：我是寝室长，我们寝室还有三活宝，这三人都是活泼开朗、爱吃懒动的女生，（不好意思地笑一下）我也是这样的。不知道上天是怎么安排的，我们四人就组成了现在这番热闹场面（手指向寝室其他正在打闹的三人）。

"啊！别挠我，哈哈，痒，臭果子！"（果子在和远远闹着玩）

转向另一边，小悦和豆豆在电脑旁玩着《植物大战僵尸》，一个操作，一个指挥，玩得不亦乐乎！"快！快！射啊，怎么还不吐太阳，急死了！"只听豆豆大声吆喝着，小悦一脸紧张地盯着屏幕。

半小时过去了……

远远：我饿了……呜呜，好饿啊！
果子：我也是，都怪你，谁让你和我闹的，消耗能量！
豆豆把视野从游戏中移开，望向她们俩。
豆豆：我也有点饿了。（接着望向小悦）
豆豆：小悦，你呢？我想吃东西……
小悦：对了，我还有好多零食呢，你们吃吗？
果子首先高喊着"我吃，我吃！"
另外两人同样反应。（小悦拿出许多零食，四人开心地吃起来）
零食吃完了。
（有人开始写作业，有人去洗衣服，有人在看书……）
半个小时过去了。
（远远晾好衣服，从阳台看起来很累地回来，重重地睡到床上）
远远：我好像又饿了，太累了，不行，我要补充能量！
小悦：我可没零食了……而且你们不怕变胖啊！
果子：我们才不怕！哪那么容易胖！（对着豆豆说）要不我们去买吧。学校超市还没关门呢！
豆豆：（很高兴的赞同）好啊！好啊！
（豆豆和果子去了超市，拎了好多零食回来）
她们又吃了起来……

第二幕

地点：学校食堂

剧情：半年过去了，四人照常聚在一起吃饭。不过气氛有点低落，发生什么了呢……

豆豆：（望着饭发呆）没胃口，你们呢？
果子：我也是，唉！
小悦：我以前就说了，我们不能这样没节制地吃零食，现在好了，看我们都胖了多少啊！
远远：今天见了老同学，她开口就问我怎么胖了那么多，（看了看自己的胳膊）变粗了好多啊！呜呜……
果子、豆豆、小悦（一起说）：我也是啊！

第三幕

地点：操场

剧情：四人决定减肥，一定要变回原来的自己，并决定不再贪吃。现在都在操场上跑步，这只是第三天，又会有什么事发生呢？

果子：（气喘吁吁地）不行了，我实在坚持不了了，太累了！

豆豆：我也是，好久没运动了，这几天跑步后浑身都疼。

（豆豆和果子停止了跑步，站在跑道旁大口喘气）

（远远和小悦从远处跑了过来）

远远：以前跑步还没感觉这么累，现在怎么那么累啊！我也不想跑了。

小悦：现在胖了，而且那么久没运动，突然运动会很累。但是坚持一星期就会轻松多了，姐妹们，别放弃啊！

远远、果子、豆豆：（异口同声地说）不要！

小悦继续劝她们，但没人继续跑。

无奈，小悦只能自己一个人跑起来……

第四幕

地点：操场

剧情：只有小悦一个人坚持跑了一星期，其他三人感觉少了一个人的日子好不习惯，看看自己的身材，决定坚持下去，然后三人来到了操场。

（看到小悦从远处跑过来）

果子、豆豆、远远：（一起喊）小悦，我们来了！

小悦：（很惊讶地望着三人）你们怎么来了？

远远：我们和你一起跑啊！

（小悦不相信地看着三人……）

豆豆：真的（看着跑过去的苗条美女，美慕的表情），我们决定了，既然决定减肥，那就应该坚持下去。这世上没什么事是办不到的，只要我们努力，我相信我们一定能减肥成功！

小悦：（激动地看着三人）好！好！我们一起努力！没有你们3个在身边还真不习惯！

果子、豆豆、远远：（三人相互看了看）我们也是！

（4个人抱成了一团，开心地笑了）

四人开始了真正的减肥之旅……

远处，4个胖胖的身影慢慢变远，又飘来四人久违的打闹声。

最后，告诉大家一个好消息，她们成功了。

旁白：如果你遇到她们，若问她们怎么会变得比以前还漂亮，她们会自信地告诉你：如果你想要做一件事，那就坚持吧，付出努力，相信自己能成功，坚持就能到达自己想要去的地方。没有什么办不到，坚持就有希望。

情景剧：《脚印》
第一幕：校园的早晨

时间：某一天早晨

地点：校园里

人物：部分学生

旁白：早晨，同学们都陆续进入校园，有的晨读，有的锻炼身体……宁静的校园一下子变得热闹起来。

（同学们各自在做着不同的事情：有的晨读，有的打扫卫生，有的在锻炼身体，有的嬉戏玩耍……）

（播放背景音乐：《校园的早晨》）

第二幕：芊芊的"好易通"

时间：接第一幕

地点：四年（1）班教室

人物：全班同学

旁白：同学们参加完早活动，都进入了教室。

芊芊（从书包里拿出一个"好易通"，开始炫耀起来）：哎，你们快来看呀，这是我过生日的时候，我阿姨送给我的"好易通"，我可喜欢啦！有了它，我可以方便地查找英语单词，真是太好了！

小芳：哇，好漂亮噢，上面还有一个"凯蒂猫"耶！

宁宁："Hello Kitty"是我的最爱，我叫我爸爸也给我买一个！

栋栋：这个只有你们女孩子才会喜欢，我才不稀罕呢！

佳佳：你不喜欢，就别来瞎起哄啊，谁叫你来看的！

玲玲（站在一旁，什么都没有说，只是心里在想：要是我也有一个这么漂亮的"好易通"，该有多好啊！可是……唉……）

第三幕："好易通"不见了

时间：上午第二节课

地点：四年（1）班教室

人物：全班同学

旁白：叮铃铃，上课铃声响了，同学们都坐在自己的座位上，等待老师来上课。

班主任蔡老师（走进教室）：同学们，这节课数学老师有事，临时调课，改上体育课，大家到门口排队，要做到"快、静、齐"。

玲玲（假装肚子疼，举手想告诉老师）：蔡老师，我肚子疼。

蔡老师：怎么会肚子疼的，疼得厉害吗？

玲玲：有一点点疼。

蔡老师：那你就在教室里休息一下吧！

玲玲：好的。

（其他学生都出去排队上体育课了）

蔡老师：老师还有事，先回办公室去了，你自己好好休息。

玲玲：知道了！

旁白：等老师一走，玲玲就走到芊芊的座位旁，拿起芊芊的"好易通"看了起来。她很高兴，可是想想自己不能拥有一个又觉得很难过。

玲玲：我先借去用几天，再还给芊芊吧！如果跟她说，她不一定会同意，我就先自己拿算了。（说着，玲玲把芊芊的"好易通"放进了自己的书包。）

旁白：同学们上完体育课回到教室里。

芊芊：呀，我的"好易通"不见了！呜呜呜……（哭了起来）

佳佳：会不会是小偷进了我们教室，偷走了你的"好易通"啊？

宁宁：快去告诉蔡老师吧！让蔡老师来查一查！

第四幕："好易通"失而复得

时间：上午第三节课

地点：四年（1）班教室

人物：全班同学

（上课铃响了，蔡老师走进了教室。）

蔡老师：芊芊，你怎么啦？发生什么事了？

小芳：蔡老师，芊芊的"好易通"不见了！

栋栋：是啊，肯定是被小偷偷走了！

蔡老师：好了，大家先回到自己的座位上去吧！

（大家都回到自己的座位上坐端正了）

蔡老师：同学们，你们有谁看见芊芊的"好易通"了吗？老师一直教导你们要做诚实的孩子，如果你知道是谁拿了芊芊的"好易通"，请你告诉老师，好吗？老师知道，可能这个同学不是故意要拿走芊芊的"好易通"，是想借去用一下，可是，这也要得到主人的同意才行啊！诚实是一个人做人最起码的准则，如果你不诚实的话，那么以后，大家都不相信你了！

（这时，玲玲的脸涨得通红，蔡老师已经发现了，她看着玲玲。突然，玲玲"哇"的一声哭了起来。）

玲玲（一边哭一边说）：蔡老师，芊芊的"好易通"是我拿的。我想借去用一下的，我知道我没有得到她的同意，就拿了她的"好易通"是不对的，我知道自己错了，下次再也不这样做了。

蔡老师：你知道就好，做错了就一定要改正。

课本剧：《丰碑》

剧情简介：

红军某部一位军需处长在严寒的冬天把棉衣都发给了战士们，而自己却在冰天雪地中活活地冻死。被大雪覆盖的军需处长冻僵的身躯，成了将军和战士心中一座晶莹的丰碑，激励着战士们奋勇向前。

人物：

将军（红军某部一位爱兵如子、疾恶如仇的高级将领）

军需处长［红军某部负责军队所需给养、被服等物资的饱经风霜、乐观豁达的老干部（以下简称处长）］

张连长（红军某连连长）

小马（军需处一位同处长朝夕相处的年轻干部）

警卫员（将军的随身警卫）

肖团长（红军某团团长）

众战士

布景：

云中山，峰峦突兀，山道崎岖，远处的山顶上白雪皑皑。近处，一棵光秃秃的大树，树旁隐约几块大小不一的石头。

（狂风呼啸，音乐起）

旁白：1936年初冬，在山西省北部吕梁山脉北段的云中山中，一支红军队伍在冰天雪地里艰难地行进着。课本剧《丰碑》所要展现的，正是发生在这支队伍行军途中的一段可歌可泣的悲壮故事。

（风声渐弱）

处长：（衣着破旧，步履艰难，抬头望了望天空，打了一个寒战）这鬼天气，说变就变，怎么也跟红军较起劲儿来呀！眼看又要下雪了，战士们都穿上棉衣了吗？

小马：（左手拎了件棉衣，边跑边喊上）军需处长——快把棉衣穿上吧！

处长：（急切地）小马，棉衣都发下去了吗？

小马：（敬礼、坚定地）按您的要求都发下去了。这是您的，我给您披上吧！

处长：（边穿棉衣边和蔼地）小马，每个战士都穿上棉衣了吗？

小马：（高兴地）都穿上了，您就放心吧！

处长：（满意地点点头）这就好了！（拍拍小马的肩）小鬼，这下暖和多了吧？

小马：（诙谐地）那还用说，跟着您——军需处长，能不暖和吗？

处长：（故作严肃地）你这个小鬼呀，真淘气！

小马：（会心地一笑）嘿嘿——我们快走吧！

（狂风大作，隐约的行军脚步声）

张连长：（衣着单薄，精神饱满地率众战士上）

处长：（见张，一愣）张连长——

张连长：（敬礼）到！

处长：（不解地）你怎么没穿棉衣呢？

张连长：（郑重地）报告首长，我连在山脚下刚接收了一名新战士，我把棉衣给他了。

处长：（关切地）你带着伤，天这么冷，你怎么受得了呢？（向小马）快给张连长找件棉衣！

小马：（难为情地）首长，棉衣已经发完了呀。

处长：（果断地脱下自己的棉衣）张连长，你把这件棉衣穿上吧。

张连长：（连忙推让）不、不、不，首长，您年纪大了，还是您穿吧。

处长：（不以为然地）嗨，我这把老骨头，结实着呢，熬得住。

小马：（见状，急忙脱衣上前）首长，您有胃病，还是让张连长穿我的棉衣吧！

张连长：（双手推开处长、小马）你们快穿起来吧！（坚定地）我年轻，能挺过去的。

处长：（故作生气地）你俩都别争了！你们这些小鬼呀，冻坏了身体，谁来革命呢？！

小马、张连长：（忧心地）首长，这怎么行，那您——

处长：（严肃地）你们都给我穿上！

小马、张连长：（对望，迟疑地向处长）这——

处长：（严厉地）服从命令！

第四章 "七彩舞台"美育活动课程的校本实践

小马、张连长：是！

处长：（欣然帮张连长整理好衣服）张连长——

张连长：到。

处长：快跟上队伍，让战士们注意安全。

张连长：（干脆地）是。（转身下）

处长：（目送连长下）多好的战士啊！（顿悟状）小马——

小马：到。

处长：（兴奋地）让文艺班的战士给大家唱支歌，鼓鼓劲儿，让我们踏着歌声翻过这座山！

小马：（激动地）是！（转身欲下，又迟疑地）可是您穿得这样薄……

处长：（满不在乎地挥挥手）没事儿，没事儿，你快去吧！

小马：（轻摇头，犹豫地下）

处长：（目送小马，满意地）这下好了，战士们都穿上棉衣了。

（风声起，歌声隐约）

处长：（打一冷战，自言自语地）这天还真有点儿冷啊。

（狂风呼啸）

处长：（走到大树底下，拭去一块石头上的积雪，靠着树干坐下，右手掏出半截纸卷的旱烟，却找不到火柴，抬起头）同志们，加把劲儿，快点儿走（微笑着目视前方）（定格）……

（将军同警卫员上）

警卫员：（略带埋怨地）将军，都是您，非要把自己的马让给伤员，雪这么大，路这样滑，这样走下去，我们天黑也翻不过这座山呀！

将军：（微笑着拍打去警卫员身上的落雪）小鬼，别灰心，眼前这点儿风雪算得了什么呢？只要我们有坚定的革命信念，什么样的山，能高过我们红军的"量天尺"（脚）呢？

警卫员：（自信地）那当然了！（呵手）可眼下这冰天雪地的，看着您这么一瘸一拐的，我心里真不好受哇！

将军：（微微一笑）小鬼，可不能有情绪哟！快点儿走吧，要不，我们可真要掉队喽！

（狂风呼啸）

（警卫员搀扶着将军在风雪中艰难前行）

将军：（边走边喊）同志们，不要停下来，快速前进——

警卫员：（发现冻僵的军需处长）将军，您看……

将军：（侧身望，平和地）同志，快起来，坐下会冻坏的（向警卫员）小鬼,快把他扶起来。

警卫员:是!(快步走向处长)老同志,老同志——(搀扶不起,用手在他眼前晃动,见眼珠不转,鼻息全无,吃惊呆立)啊!

将军:(焦急地)别磨蹭了,小鬼,快把他扶起来,咱们一块儿走,要不,他会冻坏的。

警卫员:(缓缓地转身,拖着哭腔)将军,他……他……已经冻死了……

将军:(大吃一惊)什么?——(疾步上前,不相信地)老同志,老同志……(重复警卫员的动作,轻拂去处长身上的积雪,见他身着单衣,痛心)这么冷的天,怎么连棉衣都没有穿哪!(忽然转身向警卫员吼道)警卫员,把军需处长给我叫来!

警卫员:是!(转身急下)

将军:(怨愤地)怎么搞的,能让我们的战士活活地冻死!(怒吼道)我撤了他的职!(望着处长,悲愤地)老同志呀,你死得真令人痛心哪!(浮想万千地)吃草根,啃树皮,你熬过来了;爬雪山,过草地,你挺过来了;敌人的枪林弹雨你都闯过来了呀!而今天,你怎么会,怎么会活活地冻死在这里呀!(哽咽、捶胸)我,我算个什么将军呀!这,这叫我怎么向,向党中央,向毛主席交代呀!

(狂风中,肖团长率众战士上,默围在处长周围,脸上充满崇敬、悲痛的神情)

将军:(默望众人许久,忽然大声吼道)谁是军需处长?为什么不给他发棉衣?!

(狂风呼啸)

(警卫员在风雪中上)

将军:听到了没有!警卫员,叫军需处长跑步过来,我要用军法处置!

将军:警卫员!聋啦!叫军需处长跑步过来!

警卫员:(猛醒抬头,哽咽着)将军,您,您别说了!他……他……就是军—需—处—长—。

将军:(震惊地)什么?你说什么?

众战士:(齐声哭诉)他就是我们的军需处长啊!

(悲壮的音乐起,夹杂着风雪声)

将军:(深深地吸了一口气,久久地沉默着,脱帽,敬礼)

众战士:(同将军)

将军:(沉痛地)老哥呀老哥,我错怪你了,错怪你了……(摇头)天这么冷,你,你自己怎么就不穿棉衣呀!

战士甲：（抽泣地）棉衣不够，他把自己的让给了战士！

将军：（悲壮而自豪地）这就是我们的军需处长！在危难的关头，他把生的希望留给了战士，把死的悲壮留给自己。这就是我们的军需处长，（向观众，激动地）我为我们红军有这样的战士而骄傲！（转身端详处长许久，自语状）人生自古谁无死……（激昂地）不！老哥呀，你没有死，你不会死的，风雪夺去的只是你的生命，而你的精神就像这巍峨的云中山一样，永驻大地！高山不会忘记，战士不会忘记，我们的子孙后代不会忘记——你，这位无私无畏的红军战士！狂风颂忠烈，大雪铸军魂！（更激昂地）这就是我们的军需处长！这就是我们红军的军需处长啊！你用自己的身躯，在我军前进的道路上，树起了一座雄伟的路标，在我们红军战士的心中，树起了一座晶莹的——丰碑！（坚毅地）如果胜利不属于这样的队伍，还会属于谁呢?!

（行军进行曲起）

将军：（坚定而有力地）同志们，天黑前，我们一定要翻过这座山，有没有信心？

众战士：（斩钉截铁地）有——!!!

将军：肖团长！

肖团长：到！

将军：集合队伍！

肖团长：是！集合——

众战士：（迅速集合）

将军：出发——

（在雄壮的乐曲声中下）

课本剧：《美丽的公鸡》

叙述人：从前有一只公鸡，它自以为很美丽，整天得意洋洋地唱……

公鸡：公鸡公鸡真美丽，大红冠子花外衣，油亮脖子金黄脚，要比漂亮我第一。

叙述人：有一天，公鸡吃得饱饱的，挺着胸脯唱着歌，来到一棵大树下，看见一只啄木鸟。

公鸡：长嘴巴的啄木鸟，咱们俩比一比到底谁最美？

啄木鸟：对不起，老树长了虫子，我要给它治病。

叙述人：公鸡听了，唱着歌，大摇大摆地走了。

公鸡：公鸡公鸡真美丽，大红冠子花外衣……

叙述人：公鸡来到一个果园里，看见一只蜜蜂。

公鸡：鼓眼睛的小蜜蜂，咱们俩比一比，到底谁美？

小蜜蜂：对不起，果树开花了，我要去采蜜。

叙述人：公鸡听了，又唱着歌，大摇大摆地走了。

公鸡：公鸡公鸡真美丽，大红冠子花外衣……

叙述人：公鸡来到一块稻田边，看见一只青蛙。

公鸡：大肚皮的青蛙，咱们俩比一比，到底谁美？

青蛙：对不起，稻田里有害虫，我要去捉虫。

叙述人：公鸡见谁也不跟它比美，只好往回走。在路上，公鸡碰到一匹驮粮食的老马，向老马说了自己和啄木鸟、蜜蜂、青蛙比美的事。它伤心地问老马。

公鸡：老马伯伯，我要跟他们比美，他们为什么都不理睬我呢？

老马：因为他们懂得，美不美不光看外表，得看能不能帮助人们做事。

叙述人：公鸡听了很惭愧，再也不去跟谁比美了。他每天天不亮就喔喔打鸣，一遍又一遍地催人们早起。

公鸡：（学公鸡打鸣）

课本剧：《找不到快乐的波斯猫》

人物：波斯猫（一直在寻找快乐）

　　　燕子

　　　蜜蜂

　　　青蛙

时间：一个早晨

地点：丛林

波斯猫：（一脸顽皮地走在路上，看见一只燕子追赶过去）燕子，燕子，等等我。你天天飞来飞去，知道什么是快乐吗？！

燕子：我一口一口衔泥，造好了温暖的窝，睡在里面，觉得很快乐。

波斯猫：（很是疑惑）一个泥窝有什么快乐？我天天睡在软绵绵的沙发上，也没觉得什么是快乐。

（波斯猫摇摇头，又向前方走去，路上它又遇见了蜜蜂）

波斯猫：你天天忙忙碌碌，有什么快乐？

蜜蜂：我从千千万万朵花中采来花粉，酿成蜜，觉得很快乐。

（波斯猫心想：蜜糖有什么了不起！主人的冰箱里多的是，我都不想吃了。这算什么快乐！转过头，跑开了。）

波斯猫：（波斯猫走到了河边。看见河里的青蛙，上去打招呼）青蛙，你一天到晚蹦来蹦去，还呱呱地唱歌，一定是找到了什么快乐吧？

青蛙：捉害虫、保卫庄稼是我最大的快乐！

波斯猫：哼，吃虫子有什么快乐！主人家的炸鱼还不够香吗？可我吃着，却一点儿也不觉得快乐！（波斯猫很失望，边走边叹气）唉！到哪儿才能找到快乐呢？

其实，波斯猫不知道，劳动才是最大的快乐！

课本剧：《滥竽充数》

背景：从前，齐国有个大王叫齐宣王，他特别喜欢听吹竽。这天早朝，他们又议论起组建吹竽队的事来。于是下面的故事发生了……

人物：齐宣王［齐湣（mǐn）王］、南郭先生、大臣二人、乐队数人。

第一场

（大殿上）

解说：从前，齐国有个大王叫齐宣王，他特别喜欢听吹竽，这天早朝，他们又议论起组建吹竽队的事。

大臣甲：大王，我们齐国乃是当今第一强国，我们的竽队应该是天下第一！

大臣乙：对。我建议组建一支百人大乐队，以显我大国之风采。

大臣甲：不，一百人太少了，最少也得二百人！

大臣乙：要这么说，二百人也不足以显示我齐国之强大，我看，应该再加50人，二百五，多么强大的阵容，多么……

齐宣王：（很生气）什么二百五，太不像话了！来人啊，宣本王旨意，立即组建一支三百人的竽队，以显我大国之威。

众人齐（磕头）：大王圣明！

（画外音：大王有旨，为显我大齐风采，立即组建三百人吹竽队，有此才能者快来报名啊，待遇从优，名额有限，来晚了可没有卖后悔药的呀）

南郭先生上，边走边叨咕：我的名字叫南郭，好吃懒做不干活，听说大王要建竽队，这可是个大好活。那位说了，您会吹竽吗？要说吹竽我不会，拍马吹嘘嘿，还差不多。不过人多容易混，滥竽充数我有辙！怎么个混法，那我可不告诉你……

（拿出竽，往竽眼里塞东西）

（画外音：您还别说，南郭先生还真有办法，这往竽眼里塞的是什么东西呀？）

南郭：嘿！这是谁呀，怎么都给我说出去啦！

抱着竽见大臣甲（鞠躬）：大人好！

大臣甲（傲慢的）：干什么呀？

南郭：我想参加吹竽队，您看……啊（递上银子）

大臣甲：啊……啊……哈哈哈，行啊行啊，（很神秘地）您一定吹得棒极了，是吗？

南郭：那当然了！（南郭先生走下）

大臣甲：（洋洋得意的）谁来不是来呀。（回转身）启禀大王，三百人乐队已招齐，请大王御览。

齐宣王：（高兴地）好，好，马上召见！本王要立即听他们演奏！

（乐队九人上，南郭居中）

大臣甲：奏乐！

（音乐起）

（一声尖锐的声音，十分刺耳）

（众人停，只有南郭仍在装腔作势地吹奏）

齐宣王：（大怒）什么人，吹出如此刺耳的声音，还不给我拿下！

大臣乙：（抓住南郭的脖领）大王，就是他！他用这样的声音刺伤您的龙耳，真是罪该万死！

齐宣王：哼，好大的胆子，推出去，杀！

（众人齐）：大王圣明！

南郭（浑身发抖）：大……大……大王，小民冤……冤……冤……冤枉！

大臣甲：你欺君罔上，罪该万死，还有什么冤枉的！快推出去，杀！

齐宣王：慢，让他说，看他还能说什么！

南郭：大王圣明！大王容禀。刚才小人正在吹竽，忽见大王头上紫气东来，祥云缭绕，小人知道这是上天的旨意，预示着我们齐国繁荣昌盛，预示着大王万寿无疆，小人看了，内心无比激动，再也无法控制对大王的无上敬仰之情，所以才吹奏出如此高亢嘹亮的乐音，以示对大王的无限祝福，祝大王万岁万岁万万岁！

齐宣王：（疑惑地）果真如此吗？

南郭：大王您二目放光，明察秋毫，小人怎敢欺骗大王呢？

齐宣王：量你也不敢！

南郭：（指着大臣甲）可是他，竟然当着大王的面，诋毁大王，灭我齐国国运，损我大王威名，小人蒙冤事小，大王威名受损事大，此人不杀，上天不容，上天不容啊！

齐宣王：大胆贼子！竟敢欺骗本王，犯上作乱，来人那，推出去，杀！

大臣甲：臣冤枉，臣冤枉，臣冤枉！
齐宣王：南郭先生，心怀本王，忠信可嘉，赏绸缎十匹，升为竽队队长！
众人齐：大王圣明！
南郭：（转身指挥竽队，得意洋洋）奏乐！
（音乐起，南郭回到队中，装腔作势地吹竽。齐王大声喊好）

歌舞剧：《诗文赛上好戏多》

序幕

随着一段欢快的音乐《我的朋友在哪里》8个同学舞蹈，然后再8个同学入场，一起舞蹈。他们成为好朋友。

一、拍诗

甲：今天可真热闹，你们给大家带来什么好礼物了吗？（舞蹈的同学都围拢在说话的同学旁边，倾听）

乙：当然有了，而且可有趣啦！我们是祖国的花朵，就让我们一起来表演有关花的诗文赛吧！

一起：Let's go！（分散）

（音乐中）两位同学撑橡皮筋，其他同学分别站两旁排好队，随着音乐有节奏的念诗，一人一句，念完后回到原来地方为自己的同伴拍诗。

墙角数枝梅，凌寒独自开，
遥知不是雪，为有暗香来。
日日采莲去，洲长多暮归。
弄篙莫溅水，畏湿红莲衣。
秋丛绕舍似陶家，遍绕篱边日渐斜。
不是花中偏爱菊，此花开尽更无花。
黄四娘家花满蹊，千朵万朵压枝低。
留连戏蝶时时舞，自在娇莺恰恰啼。

（音乐中）走出两位同学手拿跳绳，为大家甩绳，其他演员一人一句诗，在绳内边跳边完成。

应怜屐齿印苍苔，小叩柴扉久不开。
春色满园关不住，一枝红杏出墙来。
荷叶罗裙一色裁，芙蓉向脸两边开。
乱入池中看不见，闻歌始觉有人来。

（音乐中）变成四纵队，双脚盘坐在地上，用手当书，有感情地朗诵诗歌。边诵边做看动作。

黄师塔前江水东，春光懒困倚微风。
桃花一簇开无主，可爱深红爱浅红。

二、戏诗

（音乐中）全体演员用一段过渡音乐变成一个圆形，进行拱桥游戏，两位同学手举七彩桥，其他同学手拉手围成圆，一边做跑跳步一边有节奏的诵诗。

好雨知时节，当春乃发生。
随风潜入夜，润物细无声。
野径云俱黑，江船火独明。
晓看红湿处，花重锦官城。

最后一句念完时，哪个同学在七彩桥下，就让他为大家表演一个节目。

受罚者：在这美丽的七彩桥下，我为大家来朗诵一首，宋代诗人，杨万里的《晓出净慈寺送林子方》。（边诵边舞）

毕竟西湖六月中，风光不与四时同，
接天莲叶无穷碧，映日荷花别样红。

三、演诗

所有演员在台后方唱《游子吟》。

唱词：慈母手中线，游子身上衣。
临行密密缝，意恐迟迟归。
谁言寸草心，报得三春晖。

接着出现一位慈母，正在灯下给出远门的儿子缝补衣裳，盼望儿子能早点回家。当母亲正在向门外看时，儿子出现了，母亲无比兴奋与儿子相拥哭泣。母亲看了又看儿子，儿子看了又看母亲，母亲连忙为儿子穿上刚刚缝好的衣服，儿子看到母亲为自己所做的一切心中充满感激，将母亲扶到椅子上坐下，为母亲捶背、梳头，最后扶母亲走下台去。（下场）

四、自创诗

（音乐起）一群活泼可爱的学生，为感谢自己的老师、同学、父母创编的诗。边跳舞蹈动作，边有节奏地念诗。（心存感激，声音雄厚、响亮）

感谢老师与父母，犹施雨露润万物。
绽开花朵朝天笑，累累秋实结幸福。
累累秋实结幸福。

五、造型，拉幕。

英语剧本：*Little Justin*
五年（8）班

Little Justin was born in the river. It is spring. He is small and black. He looks around. He cannot find his mum.

Little Justin: Mum, where are you?

Soon he has a round head and a long tail. He meets a fish and a turtle in the river.

Little Justin: Mum?

Fish: No, I'm not your mum. Your mum has four legs. She is green. She has no tail.

Little Justin: Are you my mum?

Turtle: No, I'm not your mum. Your mum has a big mouth. She can catch flies.

After meeting the turtle, little Justin meets some other friends, the shrimp, the duck and the lizard.

Little Justin: Hi, who are you?

Shrimp: I'm little Shrimp.

Little Justin: Do you know my mum? She is green. She has four legs. She can catch flies.

Shrimp: I'm sorry. I can't help you. Maybe you can ask the duck over there.

Little Justin: Thank you. Hello, Mr duck. Do you know my mum? She is green. She has four legs. She can catch flies.

Duck: I'm sorry. I don't know. Maybe your mum is Miss Lizard. She is green. She has four legs. She can catch flies. But she is far away from here. You can swim and find her.

Little Justin is very happy to hear the news. He swims and swims. A few days later, he is green. He has no tail. He has four legs. And he finds that he can jump. So he jumps onto the land.

Little Justin: Er…. You are green. You have four legs. You can catch flies. Are you Miss Lizard?

Lizard: Yes, I am. I am Miss Lizard. Who are you, my cute boy?

Little Justin: I'm little Justin. Are you my mum?

Lizard: Sorry, look, we are different. I'm not your mum. But I know where your mum is.

Little Justin: Really? That's perfect. Where is she? Where is she? Can you take me there?

Lizard: I'm sorry to tell you that. When your mum caught flies just then, she was caught by a fisherman.

Fisherman: Wow, a big frog. I will catch you.

Justin's mum: Oh, no, oh, no, oh, no. Oh, my God.

Fisherman: Maybe it is a good pet.

Justin's mum: Help, help, help me.

Little Justin: Oh, no. What a bad news! Can you help me and save my mum, Miss Lizard? Please!

Lizard: Yes, of course. And we can call our friends together.

Little Justin: Miss fish, Mr turtle, Mr duck, come and help me.

Miss fish and Mr Turtle: We can play a trick on the fisherman.

Mr duck and Miss Lizard: We can save your mum, Justin.

Little Justin: I will help you, too.

So little Justin with all the other animals go to find the fisherman. And they save Justin's mother together.

Fisherman: Wow, a big fish. Wow, a turtle. I want you!

Justin, Duck, Lizard: Come out quickly, Miss Frog, we come and save you. Let's go.

Fisherman: Don't go away fish and turtle. Oh, no, I lost my frog, too.

Justin's mum: Thank you so much. Er, you are?

Little Justin: I'm little Justin.

Justin's mum: You are my son. You have been a big boy. You are so excellent.

Little Justin: Mum, I miss you so much.

Justin's mum: Me too. I can teach you how to catch flies. Look, over there, that's our family.

Little Justin: Wow, a big family. I love it. (唱 One little two little three little frogs…)

三、歌舞类节目创编

歌舞类节目是最为多见的舞台节目,小学生歌舞类节目创编可采用灵活多样的形式。如单纯的歌唱节目、舞蹈节目、歌伴舞、歌曲串烧等,学生会根据自身的个性特长和表演方式选择适合自己的作品进行创编。小学生创编此类节目,重在以歌舞表现童趣、童真、童心,能表现主题与意境,音乐、动作协调流畅,能带给观众审美感受。

《让爱住我家》歌词
五年(4)班

我爱我的家,老师同学你我他,学校是我家,老师爱我像妈妈;
我爱我的家,快乐是我的全部,爱就是付出,不计任何代价;
我爱我的家,五四连起你我他,感谢老师们,说说心里话。
让爱天天住你家,让爱天天住我家,不分日夜秋冬春夏,全心全意爱我们的家。
让爱天天住你家,让爱天天住我家,不分日夜秋冬春夏,全心全意爱我们的家。
我爱我的班,我的同学和老师,爱是不吵闹,伴我玩耍成长;
我爱我的班,幸福温馨的班,爱就是感谢,不计任何代价;
我爱我的班,老师同学你我他,爱就是珍惜时光和年华。
让爱天天住你家,让爱天天住我家,不分日夜秋冬春夏,全心全意爱我们的家。
让爱天天住你家,让爱天天住我家,不分日夜秋冬春夏,全心全意爱我们的家。

四、相声小品类节目创编

小学生创编相声、小品类节目有较大难度,多是集体智慧的结晶,有教师、家长的协助,有同学的共同努力。

相声小品类节目需要很强的语言功底与语言表现力,节目创编可以从模仿开始。在模仿中感知创编技巧,逐渐融入自己的想法与创造。或者是先创编一个底稿,组织小组讨论,对底稿不断地加工,慢慢完善,最后形成有专属性的个人或者集体独立创编作品。

相声:《从我做起》
二年(1)班

甲、乙、丙(合):我们是来自安乐小学的学生。

甲:我是人见人爱,花见花开的张振洋。

乙:我是健康快乐,博学奋进的徐欣悦。

丙:我是人见人烦,花见花败,车见车爆胎的常不理。

甲:今天,我们为大家说一段相声,名字叫作(合):《从我做起》。

甲:朝霞托着红日,美好的一天从东方升起。

丙:啊,这美丽的色彩让我们对未来更加充满了向往。

乙:常不理,你说得真好听,平时是怎么做的呢?

丙:对呀,我也觉得我做得很好,很出色。

甲:那就让我考考你,你会背《七子歌》吗?

丙:会呀,早上起床差,叠被洗刷做不到。早餐营养多不了,上午学习睡大觉。

甲:别背了,我看你是胡编乱造,应该这样背。

甲、乙(合):早上按时起床好,叠被洗刷要做到,早餐营养不可少,上午学习精力饱。

丙:我错了,以后再也不胡编乱造了。

甲:这才对了嘛!

乙:好了好了,我们来谈谈上课吧,常不理,上下课都是有礼貌的。

甲:上课了,我们全体起立,说:"老师好!"

丙:好什么呀,这有多累啊!

乙:这是对老师的尊重。

甲:下课了,我们又站起来说:"老师辛苦了。"

丙:老师呀,一点都不辛苦,只是上课说说话罢了。反正老师一发话,就把那兴致勃勃的我吓得心怦怦地跳。

乙:有那么严重吗?

甲:你啊,其实一点也不懂老师的辛苦,老师精心备课,细心批改作业,苦口婆心教我们做人,怎样做一个好学生。

丙:哼,有什么了不起的,不就是个老师吗,用得着这么炫耀吗?

第四章 "七彩舞台"美育活动课程的校本实践

乙：常不理，你不是不服气吗，那就和张振洋比一比吧。

丙：来！（虎跳。舞蹈《我心中有个太阳》）

乙：停！张振洋，你来。

甲：到我了。（下腰、前桥。舞蹈《舞起幸福鼓》）

丙：你看，还是我厉害吧！

甲：是我，是我。

乙：你们别再争吵了，让我来给你们评判一下吧！你们两个平局，没有分出胜负。但是，常不理同学，你一定要做一个讲文明懂礼貌的好学生。

丙：切。

甲：我在大课间里踢毽子获得全校第一名。

丙：我在大课间里跳绳也是第一名。

乙：好了，你们要不就比文才吧。

甲：好啊！

乙：那就描写班长的外貌吧。

甲：我的班长有一双稚气的眼睛，月牙似的眉毛，嘴唇薄薄的，笑起来露出两排洁白的牙齿，说起话来像爆豆，做起事来风风火火，干净利索。

丙：我的班长一个大分头，中间有一条白线，瘦瘦的脸，三角眼睛，鼻子尖尖的，嘴巴长长的，说起话来像小猴子似的。我给大家学一学："同学们都坐好，这个星期我们班得了倒数第一，因为我们班有个同学没穿校服，没戴红领巾，不讲文明，不好好学习。"

甲：这个人是谁啊？

丙：我呗！

甲：你太聪明了，我就知道是你。

乙：你都把班长给描写成既像"大汉奸"，又像猴子了，你为什么这样描写？

丙：你们不知道，她在班里也不给我留点面子，让我无法见人。

乙：所以你就这样描写了，这也太不礼貌了！

甲：常不理，你的学校来外人吗？

丙：来。

乙：你是怎么对待他的？

丙：要是有人来，我就大摇大摆地走过去，指着他的鼻子说："你眼长脚后跟去啦，见到本小姐还不快行礼。"

甲：你可真够霸道的，我们得有礼貌！

乙：嘿，常不理，你下课干什么呀？

丙：还能干什么呀，搞恶作剧呗！

甲：啊？

丙：下课了，我在草地上捉了一只蟋蟀，把它放在一个同学身上，等他发现了，他告诉了老师，老师又批评了我。

乙：太好了，惨事都让你给撞上了。

甲：常不理，你不是觉得自己聪明吗？那就和我们讲讲以前你做的事情吧。

丙：有一次我在公交车上东打西闹，结果被司机师傅赶了下来。还有一次，我在教室里做值日，拿着扫帚当机关枪，嘟嘟嘟……不幸被老师发现，老师又批评了我。

乙：你活该！

丙：对啊！我活的就是应该啊！

甲：你呀，以后不能这样了，我们要爱护公物。

乙：你在放学回家的路上是怎么走的？

丙：有一次我在放学回家的路上唱着："太阳当空照，花儿对我笑，小鸟说早早早，你为什么背上炸药包。我去炸学校，老师不知道，一拉线我就跳，嘣的一声学校不见了。"迎面碰见了我的妈妈，她把我的耳朵都扭红了。

乙：你妈妈为什么扭你的耳朵啊？

丙：你真笨，我都唱着炸学校了。

甲：你为什么要炸学校呢？再说，学校是培养我们的摇篮，是我们学习的好地方，很多科学家都是从学校走出来的，我们要热爱学校。

乙：再说这首歌应该这样唱。

甲、乙（合）：太阳当空照，花儿对我笑，小鸟说早早早，你为什么背上小书包，我要上学校，天天不迟到，爱学习爱劳动，长大要为人民立功劳。

甲：听到了吗，你觉得你唱得对吗？好好反思一下你以前做过的事情吧。

丙：我真为以前自己做过的坏事而后悔，以后我一定要做一个尊敬师长、热爱集体、不捉弄同学、讲文明、懂礼貌的好学生。

甲、乙：这就对了嘛！

甲：常不理，我给你改个名字吧，叫"常知理"。

丙：这名字好。

甲：你看，你以前不讲文明、不懂礼貌、不爱劳动、不爱学习，是一个人见人烦的坏学生。现在叫了"常知理"，不就是讲文明、懂礼貌、爱劳动、爱学习，是一个人见人爱的好学生了吗？

甲、乙、丙（合）：从我做起，从现在做起，我们要做一个尊重师长、热爱集体、讲文明、懂礼貌、好好学习的好少年。

小品:《上课》

时间：某天上午

地点：教室

人物：冯老师、三炮、小超、长江、大壮

某次下课时间，小超、长江、大壮坐在教室聊天。

小超（唉声叹气）：又要上课，真无聊啊！

大壮（笑了起来）：其实有时候一想，一堂课也过得挺快的，跟睡觉是一样一样的，眼睛一闭一睁，一堂课就过去了嚎——眼睛一闭不睁，一上午就过去了嚎——

其他两人大笑……

小超：哎哟，你就别再模仿小沈阳了，这么个爷们，还学娘娘腔呀！哼，这学校课桌太硬了，睡觉我还怕影响我的睡眠质量呢！

长江（接过小超的话，继续说）：你知道世界上最痛苦的事是什么吗？

小超、大壮（同时）：什么啊？

长江：那就是没去上课，老师点名了！

大壮（反驳道）：哼哼，你知道世界上最最痛苦的事情是什么吗？那就是去上课了，老师没点名！

小超（边笑边说）：哟哟，你们俩是看《不差钱》看多了吧，以为演小品呢！

长江：诶！本来这节课我打算逃的，但又怕老师点名呀！如果这节课不点名，那可就真是大大的浪费掉了！

大壮：可不是嘛！我的"问道"还等着我去杀 boss 呢！

小超（看了看旁边空的座位）：咦！三炮呢？该不会今天又要逃课吧！

长江：哈哈，三炮啊，现在不知道正趴在哪个班的窗台上看班花呢！

大壮（傻笑道）：长江，你就别再挖苦人家了，我们三炮哥那可是有名的"恐龙杀手"呀。哈哈……

长江：小超、大壮，我向你们爆料一件事。

大壮、小超：什么事啊？

长江（坏笑道）：昨天晚上我听歌很晚才睡觉，突然听见三炮在磨牙！

小超（惊讶）：有这事，太强了吧。

长江：后来三炮磨完牙后，还阴阴地笑了一声，说了句梦话"我已经五百年没吃人肉啦……"吓得我一晚上没敢睡觉。

说完，三人立马哈哈大笑起来。

小超：长江，你也太要不得了吧，居然揭露人家的隐私……不过三炮说梦话还真搞笑……

大壮：小超，算了吧，你自己还不是说梦话。

小超（惊讶又愤怒）：我？什么时候，你怎么知道的？！

大壮：上次晶晶跟我说，听见你半夜突然叫了一声"那块红烧肉是我的，不要抢！"

长江、大壮狂笑。

这时候，长江的手机响了……

长江：喂，三炮啊，什么事……嗯嗯……好的……

大壮：咋啦，三炮打电话来了？

长江：对，他说这节课是数学课，他不敢不来，不过一会要迟到了，现在他还挺舒服地躺在床上呢！他说如果老师向我们问起他，就说昨天打球受伤了，在医院养伤。

小超：哼哼……这个死三炮。那长江待会你怎么说？

长江：这个崽，老是要我帮他撒谎，这回我不帮他了，让他受点教训也好……

这时，冯老师走进了教室……

小超：啊啊，冯老师来了……

大壮：老冯今天面带杀气，我们可得小心一点啊。

长江：说得不错，大家保重……

冯老师：同学们好！

大家：老师好！

冯老师：现在请大家把上次布置的作业拿出来，我要检查了……

这时，三人马上乱了阵脚了。

小超：我怎么把这数学作业给忘了呢，哎呀，大事不好！

大壮：别说了，前天我在"剑灵"爆了一个装备，心疼得我的个妈呀，还哪有心情写作业呀！

于是两人都望着长江。

长江：别看我了，爷本年度还没有做过一次数学作业呢！

冯老师双目带着愤愤的眼神，仿佛已知道情况。

冯老师：小超！你的作业呢！

小超（可怜巴巴，慌张至极）：报告老师，我……我我，没做……呜呜……

第四章 "七彩舞台"美育活动课程的校本实践

冯老师：不要再用你那可怜巴巴好像几天没吃饭一样的眼神看着我了，已经没有杀伤力了，看你还算诚实，那就罚抄5遍吧。

冯老师（目光转向大壮）：你的呢？

大壮：报告老师，祖国尚未统一，没有心情写作业。

冯老师：哦，这么爱国，我很感动，本来想罚你抄写20遍的，看在你这么爱国的份上，就罚写10遍吧！

大壮只能苦笑。

冯老师：长江，你做了没有？

这时，只见长江愤愤地站了起来。

长江（用高亢且悲愤的哭腔怒吼）：老师，我的作业本不知道被谁偷去了！（最后还用愤怒的眼神虎视了全班同学一眼）

长江：到底是谁？！

冯老师：嗯嗯，演得不错，加油啊，长江同学，现在中国电影不景气，以后要靠你来拯救了，孩子！不过，拖欠了作业还是要罚抄的，20遍，不增不减。

长江：啊？老师，看在我是会员的份上，能不能给个八五折啊？

冯老师：这事没得商量……

三人全军覆没。

冯老师：小超，你旁边的那个座位位置怎么是空的，是谁啊，怎么没来上课……

小超：是三炮。

冯老师：他人呢？

大壮：老师，三炮昨天看美女摔沟里了，把脚伤了。

冯老师：不要开玩笑……

长江：老师，他是睡过头了，还在宿舍呢。

冯老师：啊，怎么能这样呢……算了，不管他了，现在开始上课……

（这时，三炮来上课了……他装作一瘸一拐的）

三炮：（进门）报告。

冯老师：怎么迟到了，是不是脚摔伤了？

三炮：嗯嗯，是的老师，可不是吗，疼死我了。

（三炮还会意地望了一眼长江，长江也顺势偷偷地做了一个手势）

冯老师：好，你进来吧。

（三炮又一瘸一拐地走着）

冯老师：还可以更像一点，你把那左脚再拖一点地，诶……对，就是这样，非常像。看来我们班的同学在当演员方面都还挺有潜质的嘛。

（三炮无奈地回到座位上）

冯老师：三炮，你数学作业做了没，交上来……

三炮：我……我……（嘴上支支吾吾，但却不慌不忙地拿出一个作业本）在这呢！又张开嘴巴，做出一个快要打喷嚏的动作，然后在本子上撕下一张纸，把喷嚏打在纸上，再在鼻子上用力一擦，之后便潇洒地扔到了后门的垃圾处……

三炮（做出恍然大悟的姿态）：哎呀！不好，老师……我刚刚不小心把作业擦鼻涕了。（说完，便去捡那个已经是纸团的东西，走向冯老师）

冯老师（特别尴尬，特别厌恶）：好了好了，你回到位置上去。

三炮（感到胜利）：老师，我是真的做了，不信你看嘛！

冯老师（特别无语）：好了，我知道，回到座位上去。

（小超、大壮、长江都看傻眼了）

冯老师（调整了一下）：好了，我们开始上课吧！（意味深长地）诶，现在的学生真是太不学无术了，想想我们古人，"头悬梁，锥刺股"地刻苦发愤读书，哪像你们这样啊！

小超：老师，"头悬梁，锥刺股"是什么意思啊？

冯老师：就是……

大壮（打断冯老师的话）：老师我知道，就是古代有个人不好好读书，考试总是不及格，他妈妈就很生气，于是用锥子刺他的屁股，他想不开，就在屋梁上上吊自杀了……

下面学生爆笑……

冯老师（特别气愤）：这课我没法上了，这都是些什么学生啊！（说完便生气地走了）

四人（互相看了一眼，齐喊）：老师别走！我们错了。（追了出去）

第三节 "每班一台戏"

在"七彩舞台"的舞台模型中，"我们班的七彩舞台"是舞台的基石，而"每班一台戏"则是"我们班的七彩舞台"的活动实施形式。"每班一台戏"经过20年的实践，已成为一个完善的活动课程载体。

一、"每班一台戏"活动方案

（一）活动目的

"七彩舞台"是属于每个孩子的舞台，在这舞台上每个孩子都是小明星，在这舞台上每个孩子都可以尽情展示个性才艺，展示阳光自信，展示童真童趣。体验不一样的精彩、不一样的童年。

（二）活动主题

班级自定。

（三）活动时间

每学期第七周开始，星期一至星期五教学时段。

（四）活动地点

学校剧场。

（五）活动组织及要求

（1）每学年每个班级组织一次活动，每学期学校安排50%班级组织参与活动。

（2）由各班家委负责策划、组织，包括排练、演出、舞台背景设计、音乐、节目单制定等。要求班级学生全员参与，确保每个学生都有上台表演机会。班主任协助组织，保证活动安全、有序。

（3）各班级根据学生的情况自定节目内容，要求思想健康，符合学生的年龄特点，有益于学生的健康成长。表演形式可以是歌、舞、朗诵、演讲、相声、讲故事、器乐、个人、亲子、集体节目等，一台节目大概40～60分钟的时间。德育处将从班级活动中推选出优秀节目参加学校艺术展演。

（4）学校提供场地、舞台、音响等设备。其他由班级自行安排，包括现场摄影摄像、邀请到现场观看表演的观众等。各班级使用场地、舞台、音响等设备时，要提前与学校场管联系。

（5）活动结束后，由各班家委负责安排写一篇活动报道，制作PPT、活动宣传短片，收集家长观后感，精选8～10张活动相片上传至"班主任工作"相关的文件夹，做好电子资料归档。

（6）为了感谢班级家委的辛勤付出，激励班级家委继续支持配合班级工作，各班级对"七彩舞台"活动设置一些奖项，如"最佳编导奖""最佳舞美奖""最佳表演奖""最佳创意奖"等，给积极参与"七彩舞台"活动的家长予鼓励。

（六）活动报名

参加活动的班级自定活动主题、彩排以及演出时间报年级组长统一填写活动报名表上交德育处（表4-1），再由德育处根据学校工作协调安排具体的活动时间。

表4-1　安乐小学"七彩舞台"活动报名表

年级：　　　　　　填表人：　　　　　　填报时间：

序号	班级	班主任	家长委员负责人	主题	彩排演出时间
1					
2					
3					
4					
5					
6					
7					
8					

二、"每班一台戏"活动流程

"每班一台戏"的开展需要全班学生一起商讨活动的组织与策划，由学生自己策划舞台、邀请观众、挑选节目，整台节目由学生共同完成，班主任、家长从旁协助，真正做到了"我的舞台我做主"。具体的活动流程包含以下环节：

（一）组建团队，制订方案

在活动前期的规划中需要有完整的思考，各项目组根据申报的节目统筹安排，提出相应的对策与建议，每个小组要确定好自己的职责。学生在召开项目组会议时邀请班主任、家委一起参与讨论，确定活动主题，提出合理方案。

"每班一台戏"的团队组建一般有：

活动前组织安排项目组包括宣传组、节目组、采购后勤组等。

活动中组织安排项目组包括化妆组、换装组、场内协调组、场外协调组、主持人对接组、宣传摄像组等。

班级活动方案举例如下。

第四章 "七彩舞台"美育活动课程的校本实践

六年（4）班"七彩舞台"活动方案

一、活动目的：结合所学学科知识，综合融通，学以致用，进行读书分享，学习经验交流和才艺展示表演

二、活动主题：与好书做伴，与经典同行

三、活动时间：暂定第九周或第十周，星期一至星期五教学时段

四、活动地点：学校剧场

五、节目筹备和征集方案：分三大板块，即与好书相伴、与经典同行、才艺表演

（一）与好书相伴——主要以读书分享为主题，读好书，好读书，分享读书的乐趣和故事。以表演的形式介绍学习方法及经验交流，可以诗歌、朗读或讲读书故事形式表达或进行节目表演。

（二）与经典同行——主要以经典书籍或经典故事的读书分享，推介经典书籍，分享阅读经典书籍的乐趣和故事。可以话剧或情境表演的形式来演绎经典故事，展示阅读经典的精彩故事。

（三）才艺表演——乐器表演，歌舞表演，各种才艺展示表演。

（四）本次表演节目，除了集体节目外，所有的节目向全体学生征集，可以个人报名或自由组合，或以及学生和家长一起亲子表演。每一个板块征集4～5个节目，最后经彩排和评审再确定3个优秀节目参加表演。

（五）班级和集体节目由老师选定1～2个。整场表演一般筹备8～10个节目，表演时间大约控制在40～60分钟。

（六）本次表演活动，个人表演的节目道具、音乐背景及服装由个人准备。集体节目由家委筹备，所需费用由班费支出。

（七）本次活动的主题主要结合读书和学习实践，学以致用，希望更多家长积极参与，和孩子们一起分享读书乐趣和学习的宝贵经验。

未尽事宜，另行通知！

安乐小学六年（4）班家委会

三年（6）班"放飞梦想，快乐起航"活动方案

我们有一个七彩的梦，我们想用舞蹈去勾勒它，想用歌声去描绘它。在我们追梦的道路上我们以"七彩舞台"去展现我们的梦想。为使此次活动顺利进行，特制订如下方案：

一、活动宗旨

通过开展内容鲜活、形式新颖、特色鲜明的音乐、舞蹈、美术、文学、舞台剧以及编导策划等多种艺术与各学科教学融合。使班级全部学生在创编、排

演、展示的过程中有所学、有所获，培养自信阳光的个性。

二、活动时间：2019年9月30日

三、活动地点及组织机构

组长：黄妍婷

副组长：宋彩云、龙朝晖、罗育红

成员：周东、郭雪松、付进菊、李晓丹、黄丽华、陈若雪、江叶桦、刘志芬

地点：安乐剧场

四、活动主题："放飞梦想，快乐起航"

五、活动内容

（一）召开班级家委"七彩舞台"活动筹备会

（二）制订本次活动方案

（三）节目创编及排练

（四）"七彩舞台"彩排

（五）领导致辞宣布文艺汇演开始

（六）文艺汇演节目流程和节目单报备

（七）汇演结束

六、活动安排

（一）第一阶段（9月10日开始）召开班级"七彩舞台"活动筹备会成立工作小组，下发节目征集通知。

1. 节目形式

歌舞类（合唱、舞蹈、歌伴舞等）、曲艺类（相声、小品、魔术、武术、课本剧等）、器乐类（独奏、合奏等）

2. 节目安排

以上3种节目形式各准备两个以上节目，择优选用。

（二）第二阶段（9月13日—15日）创编节目阶段，各负责人做好节目的创编及排演。

3. 任务分工

根据自身优势和特点自定形式和题材，并提前做好演员的挑选、训练和节目的编排，演员的服装、道具等准备工作。因此，应落实好各节目负责人。

（三）第三阶段（9月16日—28日）节目审核及彩排演出。

4. 节目审核

在节目基本成型以后，在操场由班主任及班级家委组成的审核小组对所有的节目进行初审，以对所有节目有初步的了解把握，为节目顺序的安排做好准备。

5. 彩排演出

为本次文艺汇演能顺利成功举行，9月25日在剧场进行节目彩排，使我们对演出时间的长短、演员人员、音乐、道具的状况，节目衔接，演出现场安全，等等每一个细节有准确的把握，为最后的演出做充分的准备。

七、活动人员分配

（一）流程衔接负责人：宋彩云

（二）节目衔接人员：付进菊

（三）主持人：周心怡、全江山、雷雨阳、贺宇浩

（四）筹备节目要求

（1）每个节目的责任人（家委）从即日起强化训练，主动工作，绝不能敷衍（其他老师及家长，必须积极配合，听从安排，并出谋划策）。

（2）排练时间由各负责人自行安排。

（3）演出服装、伴奏带、道具由节目负责人自行解决。

（五）演出筹备组

（1）总指挥：黄妍婷、宋彩云（审查整个活动安排）。

（2）节目单、邀请函设计审定：江叶桦。

（3）舞台设计：纪元葵（舞台道具、灯光及背景LED动画的设计制作）。

（4）串台词撰写、主持人训练：罗育红。

（5）耳麦话筒负责人：谢作标。

（6）场地布置：易大委、郭雪松。

（7）宣传报道组：刘志芬（美篇、微信推送文案编写）。

（六）演出现场统筹组

（1）舞台总监：龙朝晖（负责演出中的秩序）。

（2）音响、话筒筹备：黄丽华（主负责播放每一个节目的音乐衔接）。

（3）现场拍照摄像：陈若雪、李晓丹。

（七）结束工作小组

后续工作小组负责人：罗育红。

小组成员：陈若雪、李晓丹、龙朝晖、宋彩云、郭雪松。

注：

（1）活动期间班主任负责好自己班级所在场地的清洁工作。

（2）演出结束场地布置筹备组成员留下负责所借物品的归还，撤台清场工作。

（二）明确职责，分工合作

主题确定好后，各项目组组织讨论汇报自己的工作思路和策略，进一步明确各部门的职责分工，从舞台的灯光、摄影、节目的顺序等不同角度去制订具体的任务。例如，在选择节目内容时，节目组的学生对节目的形式、内容都应提出相应的要求，节目要具有实操性、实用性、兴趣性和创新性；要讨论解决舞台过程中出现的实际问题，在突发事件中能做出决策，能在实践中创生班级活动。

活动分工主要包括：制作邀请函、节目表、自制海报的设计等，此阶段沟通协调很重要。

表4-2 "七彩舞台"各工作小组分工内容表

		节目表演组	节目策划组	节目联络组	影音设备组	后勤保障组
具体任务		负责现场表演。按不同的节目类型细分出不同的节目组，每组设一位组长	负责节目内容的审核与排练，包括小主持人的培训和演出的文字编辑	负责与老师、家长以及其他班级的联系，跟进节目排练和演出进度	负责节目音乐和视频等资料的收集、剪辑和录制，现场表演的灯光设备调控	负责各项工作的督促与检查，表演现场纪律的维持
人员名单	学生名单					
	家长名单					

第四章 "七彩舞台"美育活动课程的校本实践

表4-3 "七彩舞台"各节目小组名单表

	节目1	节目2	节目3	节目4	节目5
组长					
组员					

分工安排要力求细致，以下是三年（1）班"2017迎新晚会"的筹备组的分工安排。

"2017迎新晚会"筹备组职责分工

晚会安排组职责：
a. 活动地点的联系；
b. 晚宴菜系的确定（考虑孩子的胃口、让孩子吃得开心）；
c. 场地、舞台布置；
d. 交通道路指引（乘车路线、停车状况、酒店水牌）。

节目策划组职责：
a. 完成节目收集、筛选及后期的排练、彩排工作；
b. 主持人的选择、形象设计及台词审核；
c. 负责节目的编排及活动全流程的衔接；
d. 准备好晚会所需的一切服装、道具；
e. 现场PPT制作、节目音乐、各环节音乐收集、班级视频制作；
f. 中场游戏策划；
g. 邀请函和节目单确定、制作、打印。

宣传摄像组职责：
a. 担负整个活动前、后期拍摄，海报及QQ群、微信群宣传工作；
b. 摄影及DV摄像；
c. 影像物品后期制作、发放工作；
d. 现场幻灯片的控制以及音乐播放。

礼仪服务组职责：
a. 迎接活动；
b. 现场抽奖工作；
c. 活动当日准备好会场礼品及服务工作。

采购物资组职责：
具体负责整个活动的物资和奖品的购买、租赁等，与财务进行费用清算。

（三）精心策划活动流程

每位学生自报节目到节目组，家委结合班级学生实际情况进行整合，通过调研与分析，制定出班级学生喜爱的节目单。活动需要提前筹划，为确保有充裕的时间准备，要把活动的内容和过程细化，要具体、可操作。在制订好节目后，还可在班级与学生讨论交流，进一步落实节目的编排，做好各种预案。

（四）活动前各环节落实到位

一台精彩的"七彩舞台"活动，在活动前要多方面考虑，将各环节落实到位。例如：充分考虑学生的特长发挥，考虑学生的参加率，了解家长的意愿，确定排练的时间、服装道具准备，等等。要进行深入沟通。比如：有的学生喜欢魔术，为了更好发挥这一特长，专门邀请了魔术教练亲自指导，家长也适时地参与其中，增加互动的效果。

表4-4 五年（4）班"七彩舞台"节目清单及分工指引

序号	节目名单	表演形式	表演者	服装要求	表演道具	舞台道具	道具负责人
1	《国学诵读·弟子规》	集体诵读	全班	国学衣服	无	立麦2个	贾怡飞爸爸
2	《铃鼓舞》	小提琴独奏	曾文茜	自备	自备	曲谱架、立麦各1个	贾怡飞爸爸
3	《我的天》	三人组合唱	张方哲 李嘉颖 郑伟霖	自备	无	耳麦1个，立麦2个	贾怡飞爸爸
4	《清清的玉湖水》	葫芦丝	黎书涵 王又加	自备	自备	立麦2个	贾怡飞爸爸
5	《逆战》	架子鼓	温家林 郑嘉瑞	自备	自备	无	
6	《我相信》	现代舞蹈	韩沁伶 王梓欣 邹心怡 曾文茜 刘梦真 黎书涵 王梦瑶 叶韵婷 吴思琪 黎美琪 乔莉舒	统一	无	无	

续表 4-4

序号	节目名单	表演形式	表演者	服装要求	表演道具	舞台道具	道具负责人
7	《魔术表演》	魔术表演	麦创熙 符子泰 郑伟霖	自备	自备	立麦2个，耳麦1个	贾怡飞爸爸
8	《星奇舞》	现代舞蹈	郑嘉瑞 温家林 陈政民 贾怡飞 王梦瑶 韩沁伶 刘梦真 李虹霖 黎书涵 曾文茜 黎美琪 王梓欣 乔莉舒 邹心怡	统一	无	无	
9	《望江亭》	京剧	范钰晞	自备	无	手麦1个，耳麦1个	贾怡飞爸爸
10	《让爱住我家》	集体合唱	全班集体	统一	无	手麦1个	

（五）活动中安排细致周密

在活动过程中，要让节目井然有序地进行，需要大家群策群力，进行周密的安排。每一个节目需要的化妆、道具、换装、音乐等都要做到细致入微，做到人人有事做、事事有人做。

五年（4）班"七彩舞台"节目现场安排

1. 催场主要负责人：温家林妈妈、符子泰妈妈、陈政民妈妈、吴文韬妈妈

2. 音乐背景主要负责人：刘梦真爸爸

3. 灯光主要负责人：林长泓爸爸、贾怡飞爸爸

4. 开场拉幕主要负责人：符子泰妈妈（小提琴表演由曾文茜妈妈负责开关幕布）

5. 表演道具主要负责人：唐子杰爸爸、贾怡飞爸爸、符子泰妈妈、吴文韬妈妈、麦创熙妈妈

道具：①架子鼓道具：6人（搬架子鼓4个人，拿吊叉、凳子2个人）；②小提琴道具：曲谱架1个及立麦1个；③魔术道具：桌子1张，装饰布1块

（自备），立麦1个和耳麦1个。

6. 符子泰爸爸负责现场观看写观后感
7. 现场气氛主要负责人：黎书涵妈妈、王又加妈妈、吴思琪妈妈、胡显超妈妈等等
8. 嘉宾位置引导：黎书涵妈妈、王又加妈妈、杨泰松妈妈、康欣楠妈妈
9. 表演服装主要负责人：郑嘉瑞妈妈、曾文茜妈妈、李嘉颖妈妈、王又加妈妈、康欣楠妈妈、韩沁伶妈妈、麦创熙妈妈、王梦瑶妈妈
10. 化妆主要负责人：郑嘉瑞妈妈、温家林妈妈、黎书涵妈妈（这一点最好细分一下）
11. 11月30号周四上午由郑嘉瑞妈妈带着几位家长去学校清点学生们的表演服装及道具
12. 秩序维护主要负责人：杨泰松妈妈、宋书豪妈妈、李泽轩妈妈、王梓欣妈妈

表4-5 "七彩舞台"小演员化妆具体安排明细表

化妆指挥	化妆师姓名	具体负责化妆人数	具体一对一化妆明细	定妆时间	监督人
曾文茜妈妈	曾文茜姐姐	1	曾文茜姐姐—曾文茜	11月30日下午2：30	郑嘉瑞妈妈
李嘉颖妈妈	李嘉颖妈妈	3	李嘉颖妈妈—张方哲、李嘉颖、郑伟霖	11月30日下午2：30	郑嘉瑞妈妈
王又加妈妈	王又加妈妈	1	王又加妈妈—王又加	11月30日下午2：30	黎书涵妈妈
陈政民妈妈	陈政民妈妈	4	陈政民妈妈—温家林、郑嘉瑞、黎书涵、陈政民	11月30日下午2：30	郑嘉瑞妈妈
麦创熙妈妈	麦创熙妈妈	3	麦创熙妈妈—麦创熙、符子泰、郑伟霖	11月30日下午2：30	黎书涵妈妈
范玉希妈妈	范玉希妈妈	1	范玉希妈妈—范玉希	11月30日下午2：30	郑嘉瑞妈妈

续表 4-5

化妆指挥	化妆师姓名	具体负责化妆人数	具体一对一化妆明细	定妆时间	监督人
陈思林妈妈	韩沁伶妈妈、李泽轩妈妈、王梦瑶妈妈、陈思林妈妈（李嘉颖妈妈负责检查补妆）	12	韩沁伶妈妈—韩沁伶、刘梦真、叶韵婷；李泽轩妈妈—贾怡飞、李虹霖、黎美琪；王梦瑶妈妈—吴思琪、王梦瑶、乔莉舒；陈思林妈妈—王梓欣、乔莉舒、邹心怡	11月30日下午2：30	黎书涵妈妈
参加表演孩子的妈妈	吴思琪妈妈、林长泓妈妈、康欣楠妈妈、罗翔宇妈妈、王又加妈妈、曾文茜妈妈、杨太松妈妈、黎书涵妈妈、郑嘉瑞妈妈、温家林妈妈	28	需要名单，一人负责3个小孩的化妆工作	11月30日下午2：30	温家林妈妈
合计		53			
注意事项	1. 全班化妆的总指挥：陈思林妈妈、李嘉颖妈妈、郑嘉瑞妈妈 2. 全体化妆人员于11月30日12：30准时到教室集合 3. 全体化妆人员一到场，要尽快进入化妆工作状态 4. 全班化妆补救师：陈思林妈妈、李嘉颖妈妈 5. 全班化妆责任监督：温家林妈妈、郑嘉瑞妈妈、黎书涵妈妈 6. 凡有义工家长不能前来化妆的请提前告知家委				

表4-6 "七彩舞台"换装工作指导

第一个节目《国学诵读·弟子规》后,如果只有最后一个节目的学生,统一自己换好礼服,坐到剧场外面不要到处跑,其他有节目的学生都不要走远,在后面候场。曾文茜准备2《铃鼓舞》服装;张方哲、李嘉颖、郑伟霖 换3《我的天》服装;王又加 换4《清清的玉湖水》服装;温家林 换5《逆战》服装;侯懿宸换主持服装;韩沁伶、王梓欣、邹心怡、刘梦真、王梦瑶、叶韵婷、吴思琪、黎美琪、乔莉舒 换6《我相信》服装;麦创熙、符子泰 换7《魔术表演》服装;贾怡飞、邹心怡、黎美琪 换8《星奇舞》服装;范钰晞 换9《望江亭》服装
第二个节目《铃鼓舞》后,曾文茜 换主持服装
第三个节目《我的天》表演时,黎书涵 换4《清清的玉湖水》服装;郑伟霖 表演结束换7《魔术表演》服装;《我的天》节目结束后 张方哲、李嘉颖 换礼服
第四个节目《清清的玉湖水》表演时,郑嘉瑞 换5《逆战》服装;黎书涵 表演结束换6《我相信》服装;王又加 表演结束换礼服
第五个节目《逆战》表演时,曾文茜 换6《我相信》服装;《逆战》表演结束后,温家林、郑嘉瑞 换8《星奇舞》服装
第六个节目《我相信》结束后,陈政民、王梦瑶、韩沁伶、刘梦真、黎书涵、曾文茜、王梓欣、乔莉舒 换8《星奇舞》服装
第七个节目《魔术表演》结束后 麦创熙、符子泰、郑伟霖 换礼服
第八个节目《星奇舞》结束后,陈政民、黎书涵、曾文茜、郑嘉瑞 换主持服装;其他《星奇舞》孩子全部换礼服
第九个节目《望江亭》侯懿宸 主持结束换礼服;《望江亭》节目结束后,范钰晞 换礼服

(六) 活动后总结

活动后要撰写宣传稿,共享活动照,公示活动费用支出审计,等等,尽量给学生们留下美好的童年回忆!

三、"每班一台戏"的节目准备与统筹

"七彩舞台"应该给每个人展示自我的机会,节目准备与统筹可以通过组合、完善、优化等,让每一个学生都能"赢",让每一台戏都是一台精彩纷呈

的表演盛宴!

(一) 节目征集

"七彩舞台"常见的节目类型有:

1. **舞蹈类节目**

最常规的节目就是舞蹈类,随着社会发展和进步,舞蹈类节目也越来越丰富多彩,如各种道具、服装、音乐和灯光的效果运用,可以带给观看者全新的体验和感受。

2. **相声类节目**

相声类节目重点是要有相应口才和表演力,此类节目主题的选择要更接近学生的生活和学习,要给人耳目一新的感觉。

3. **话剧类节目**

话剧能给人带来正面的教育意义,不仅达到演出的效果,也达到教育的目的,很容易给人留下深刻的印象。

4. **合唱类节目**

合唱是最简单的节目,也是最有气势的节目。合唱类的歌曲选择很重要,要积极向上,适合学生,同时配上一定的道具,其舞台效果不会亚于舞蹈,同时会更省心和省力。

5. **乐器类节目**

随着教育的发展,越来越多的乐器走进了舞台,不仅给人带来耳目一新的感觉,同时也可以体现个人和团队整体的素质和能力。

6. **小品类节目**

小品类节目类似于相声类节目,与之相比更复杂一些,适合高年段的学生,如果低年段的学生演绎的话,会别有一番韵味。当然,主题一定要积极乐观,让人在看的同时能有所感悟。

不管哪类节目,都要根据团队的实际情况去考虑,结合团队的优点和缺点综合选择,适合的才是最好的。

表4-7 "七彩舞台"节目征集表

节目类型	表演者	表演名称	投票得数

(二) 节目排练与彩排

排练大致分为 3 个阶段：初排阶段、细排阶段、合成阶段，在日常随时进行，参加人员不一定全员到位，不要求统一着装，不化妆。

彩排：是排练的第三阶段"合成阶段"，在正式演出前举行。彩排的服装和妆容要按照正式演出时进行，演出人员必须全部到位。

在此期间，要做好相应的人员安排。

表 4-8 "七彩舞台"人员安排表

职务	姓名	职责
总策划		
主持人		
化妆师		
电脑操控师		
灯光师		
摄影师		
舞台两侧后场管理员		
道具		
观众席管理人员		

主持人的台词也要准备好，并反复练习。

例如：

"七彩舞台"主持人台词
五年（2）班

一、开场＋集体舞（印度舞《阿拉伯之夜》）

主持人：何成昊、钟诗涵

何成昊：尊敬的各位老师，

钟诗涵：亲爱的家长，同学们，大家

合：下午好！（弯腰鞠躬）

何成昊：非常感谢大家百忙之中，抽空来观看五年（2）班"七彩舞台"汇报演出。

钟诗涵：你们的到来，让我们倍感温暖！虽然已是冬天，但我们的剧场里，将会是五彩缤纷、春意盎然！

何成昊：因为你们的关爱和呵护，我们一直都在快乐、健康地成长！

钟诗涵：因为你们的陪伴和鞭策，我们一直都在认真、努力中进步！

合：感谢你们，给了我们美好的童年！

何成昊：下面，请欣赏第一个节目——印度舞《阿拉伯之夜》。

钟诗涵：表演者——吴欣仪、刘雨桐、徐佳、陈曼燕、罗楠、赵嘉婷。

二、钢琴《八幅水彩画的回忆》

主持人：董嘉钰、钟诗涵

董嘉钰：刚才我们欣赏了6位同学的舞蹈，你觉得怎么样？

冯子涵：我觉得她们表演得倍儿棒！好羡慕她们！

董嘉钰：我也觉得。刚才她们表演的是印度舞蹈，那下一个节目应该回到我们的大中国了。

冯子涵：是的。接下来推出的是著名华人音乐大师谭盾先生创作的钢琴曲《八幅水彩画的回忆》。

董嘉钰：《八幅水彩画的回忆》共有8个乐章。我们即将聆听的是其中的4个，分别是《逗》《听妈妈讲故事》《云》《欢》。

冯子涵：下面有请我们班的小小钢琴家，李宇轩同学为大家表演——《八幅水彩画的回忆》！

三、小合唱《I let her go go》

主持人：何成昊、董嘉钰

何成昊：聆听"乐器之王"演奏的大师杰作，真是非常美的享受！

董嘉钰：是的，大师的作品总是给人以厚重的美感！那下一个节目，我们换另外一种风格的如何？

何成昊：好啊，什么节目呢？

董嘉钰：这是一首节奏欢快的英文歌曲！

何成昊：明白了。有请肖灼知、陈若涵、李起华、徐佳、丁杨子墨为我们表演《I let her go go》！

四、古筝《康定情歌》

主持人：董嘉钰、钟诗涵

董嘉钰：中国的民族乐器历史悠久，源远流长。你知道哪些乐器是我国的民族乐器吗？

钟诗涵：我知道一些，像二胡、笛子、古筝、琵琶、扬琴等，都是我们的祖先遗留下来的宝贵财富。

董嘉钰：没错！接下来，由冯子涵和赵嘉婷同学为大家表演古筝——《康定情歌》！

五、伦巴舞曲

主持人：李宇轩、冯子涵

李宇轩：听了一曲民族乐器演奏的民歌，让我感觉到我们中华文化的博大精深，让我觉得作为中国人无比自豪！

钟诗涵：是的。刚才我们欣赏了合唱和器乐演奏，接下来换一首伦巴舞曲来放松一下如何？

李宇轩：好啊。伦巴，舞姿迷人，热情奔放，是拉丁音乐和舞蹈的精髓和灵魂。

钟诗涵：让我们一起来欣赏莫诗怡、刘婧妍同学的曼妙舞姿吧！

六、歌舞《加油！AMIGO》

主持人：李宇轩、冯子涵

李宇轩：欣赏了伦巴舞曲，我们再来欣赏歌舞如何？

冯子涵：好啊。什么歌舞呢？

李宇轩：你最喜欢听谁的歌？

冯子涵：我最喜欢听TFBOYS的歌。

李宇轩：那好吧，成全你！下面，请欣赏由董嘉钰、何成昊、钟诗涵为我们演唱《加油！AMIGO》。

冯子涵：伴舞——刘雨桐、罗楠、吴欣怡、陈曼燕、徐慧娟、赵嘉婷。

七、小提琴演奏

主持人：何成昊、莫诗怡

何成昊：前面李宇轩同学为我们弹奏了钢琴。钢琴号称"乐器之王"，那你知道被誉为"乐器之后"的乐器是什么吗？

莫诗怡："乐器之后"是指小提琴吗？

何成昊：是的，所以我们班上有两位同学喜欢上了小提琴。

莫诗怡：那我们绝对不能错过！

何成昊：有请陈若涵同学为我们演奏《第二学生协奏曲》、黄煜博同学为我们演奏《瑶族舞曲》。

八、集体朗诵《少年强则国强》

主持人：冯子涵、莫诗怡

冯子涵：一百年前，我们的国家积贫积弱，饱受外国欺凌。

莫诗怡：现在的中国，昂首世界之巅！我们的国家，再一次迎来伟大复兴！

冯子涵：我们是幸福的孩子，出生、成长在一个伟大的时代！
莫诗怡：但我们不能忘记国家曾经经历的苦难。下面，由五年（2）班全体男生，为大家朗诵《少年强则国强》。
九、大合唱《奔跑》
主持人：何成昊、冯子涵
何成昊：随风奔跑自由是方向，追逐雷和闪电的力量。
冯子涵：充满激情和力量的旋律，是我们成长岁月中，恒久不变的主旋律。
何成昊：请听五年（2）班全体同学为大家呈送大合唱——《奔跑》。
十、结束
主持人：何成昊、冯子涵
何成昊：五年（2）班"七彩舞台"演出到此结束！
冯子涵：再一次感谢大家的光临。

四、"每班一台戏"精彩演出汇报

"每班一台戏"在安乐小学开展多年，场次之多无法一一记叙，现摘几篇演出报道共同分享活动成果。

二年（2）班"七彩舞台"演出报道

为响应校领导展现学子风采的倡导，5月15日，由二年（2）班主办，班级家委承办的"七彩舞台"文艺汇演在我校剧场隆重举行。

随着温馨的音乐响起，文艺汇演在全班学生及家长代表合唱《相亲相爱一家人》中拉开了帷幕。歌唱、舞蹈、朗诵、乐器联奏等精彩的节目为大家呈现了丰盛的视听盛宴。

由陈浩宇、彭岩泉、杨一轩、张颢竞表演的架子鼓《吸引+小苹果》及街舞《霍元甲》动感十足。由李若童表演的钢琴曲《F大调小奏鸣曲》、任雨芊表演的古筝《平湖秋月》及鄢雨恒表演的小提琴《闪烁的星星》余音绕梁。由全班同学集体朗诵《我的梦，中国梦》表达着自强不息的精神。整场汇演精彩不断、高潮迭起，赢得台下阵阵掌声，欢呼声一浪高过一浪。最后一首全班合唱的《我爱老师的目光》为本场汇演画上了圆满的句号。歌声中饱含着同学们铿锵自信和对未来的无限希望，绽放着青春与梦想的光芒。

本次汇演共有全班学生及家委精心准备的10个节目参演，形式多样，内容丰富。校领导、老师、家长、其他班学生等100余人观看了演出。

此次"七彩舞台"演出的成功举办,充分展示了我班学生的风采和活力。

缤纷梦想,多彩舞台——二年(6)班"七彩舞台"演出汇报

缤纷的梦想,需要多彩的舞台去承载;快乐的童年,需要大家的努力去编织。5月18日,安乐小学二年(6)班的全体老师、学生和家长们,在安乐小学剧场,倾情奉献了一场精彩的"七彩舞台"节目。

在短短40分钟的时间里,学生和家长齐参与,8个表演节目一气呵成。一开场,《牛仔舞》便点燃了观众的热情;《龟兔赛跑》的故事再一次引人警醒,学习与成长多么像一场长跑,不在于你的起点和短暂的优劣势,重要的是坚持到底的决心和持之以恒的行动;《古筝独奏》让我们置身于校园的恬静与优美环境里,流连忘返;一首亲子合唱《踏浪》,让我们感受到了充满爱意家庭的温暖;家长们《隐形的翅膀》的舞蹈,让我们深刻体会到了父母呵护孩子成长、不求回报的爱;全班学生一起跳《么么哒》舞蹈,将表演推向了高潮,让我们再次回味了童年的天真与美好。

"七彩舞台",让每一个安乐小学的学生,都有了展示自己才艺的舞台,为每一位安乐小学的家长,打开了参与孩子成长的校门。学生们展示的是特长,得到的是满满的自信心;家长们参与的是节目,收获的是浓浓的亲子情。

节目表演虽已结束,但我们缤纷的梦想才刚刚开始。让我们一起期待着下一次的"七彩舞台"的到来,学生们将再次为自己多彩的童年画上完美的一笔!

花样童年·青春季·念——六年(4)班"七彩舞台"文艺汇演

六年(4)班"花样童年·青春季·念"文艺汇演圆满落幕!

2017年12月15日上午10:20分,安乐小学六年(4)班"七彩舞台"文艺汇演在安乐小学剧场隆重举行。为丰富孩子们的课余生活,学校为学生们搭起七彩舞台,一个属于孩子们的舞台,给孩子们更多展示才华的机会,在这舞台上,每一个孩子都是一个小明星。在罗老师和家长们的精心策划组织及学校的大力支持下,学生们经过一个多月的辛勤排练,六年(4)班"七彩舞台"在学校剧场精彩演出。此次展示内容丰富,可谓花样百出,有音色独特优美的民族乐器——葫芦丝演奏,有或优雅甜美或激情四溢的舞蹈表演,有搞笑连连的相声小品,还有大型的英语情景剧,等等。其间台下观众热情高涨,掌声连连,现场气氛十分活跃。

一首由全班学生演奏的葫芦丝《军港之夜》拉开了舞台序幕,学生们用

第四章 "七彩舞台"美育活动课程的校本实践

柔美细腻的曲调将中国海军保家卫国的伟大精神演绎得淋漓尽致。

多才多艺的曹张僖颖表演的一段独舞《黑眉毛的姑娘》，面纱轻拂下的僖颖像一位旋转的精灵，用轻盈的舞姿，将观众带入到瓜果飘香的大美西域。

相逢是一首歌，每一句都洋溢着欢乐，他们用独有的舞步展现心声，为了演出他们坚持排练，从一无所知到能上舞台。我觉得学生们在这里学到的不仅仅是舞步，更重要的是养成了良好的习惯，锻炼了能力，找到了自信，拥有了坚强的毅力和吃苦耐劳的精神。

两位相声老搭档也为我们带来了一段精彩的相声《吹牛》，幽默风趣的语言，引得台下笑声阵阵。

这是一群年轻跳跃的姑娘、充满活力的舞姿闪耀着她们的开心与快乐，那熟悉有节拍的舞步就像诗歌的韵律，一舞一姿都带动着观众的心。

6位同学用逼真又搞笑的方式演出了小品《碰瓷大戏》，这个节目令人开心大笑之余又发人深省，让学生们明白了遵纪守法的重要性，提高了他们的法律意识。

由罗大大亲自策划的大型英语剧 *Snow White* 将整场演出推向高潮，学生们用英语的形式演绎白雪公主和七个小矮人的故事。每个同学都全心进入了角色，特别是毒皇后精湛的演技，看得台下的观众时而为公主担心，时而为皇后生气，时而又为王子的到来欢呼，故事情节引人入胜，也大大地激发了学生们学习英语的兴趣。

歌曲串烧来了，小可爱们用稚嫩而清澈的声音唱出了《我们的时光》《红蜻蜓》《勋章》《最美的太阳》等歌曲，一张张可爱的小脸让人觉得阳光又温暖。这4首由学生们选出来的充满朝气和正能量的歌曲配上后面充满回忆的滚动图片背景，仿佛看到了学生们在安乐小学的6年光阴缩影，充满了感慨与感动！另外，这6位同学用萨克斯、圆号、黑管、长号、小号、中音号和吉他，在指挥者的指挥下串出了一串和谐的音符，向观众展示了我们六年（4）班孩子们多才多艺的一面。

配乐诗朗诵和亲子手语，这是一个由起初的情景剧换变的来之不易的大节目。罗大大常教我们要有感恩之心，所以她将亲情、友情和师生情融入朗诵，亲子手语突出"七彩舞台"上"孩子与家长同台"的精髓，配上后面全班孩子与父母的亲子合照，令人回味！

在罗大大、家委和学生们的努力下，今天的表演很成功！看了学生们的精彩表演后，发现了我们班学生们身上有着更多的闪光点，有着无法阻挡的青春活力与朝气，让我们共同度过我们自己的"花样童年·青春季·念"，共同体会这美好的时光。

表演结束时，赖校长发表了热情洋溢的点评，对学生们的表演用"六（4）班节目精彩，孩子们活力四射！"点赞！尤其高度评价了于翔同学是表演天才，李思慧舞蹈功力了得，同时也对学生们提出了殷切的希望……

"七彩舞台"给了全班学生展现自我的机会，让学生们的技能与才华得以施展，是安乐小学长期以来坚持狠抓素质教育的成果，也进一步营造了更紧密的家校联系、共育未来的良好氛围，可谓意义深远。

五年（2）班"七彩舞台"演出

今天下午 3：30 开始，我们五年（2）班全体学生在学校剧场进行了一场"七彩舞台"文艺表演！

为了积极响应学校的号召，五年（2）班的学生们踊跃报名，积极准备，利用课余时间抓紧排练！在班主任朱海媚老师的精心指导下，在家长们的配合协助下，学生们热情主动，力争每一个节目都精彩完美！尤其几个学生的表现值得称道！

何成昊同学，多才多艺，在本次表演中勇挑大梁，主持、唱歌、领诵，每个环节都是一丝不苟，尽心尽力！

冯子涵和赵嘉婷同学，在彩排的前两天主动申请合奏古筝，利用周末休息时间合练，最后在舞台上为大家呈上一曲《康定情歌》，令人赏心悦目！

我们的节目历时约一小时，虽然只有 9 个节目，但内容非常丰富！优美的舞姿、动听的歌声、铿锵的朗诵，再加上绚丽的背景视频、变幻的舞台灯光，博得了台下观众一阵阵热烈的掌声！

今天的演出得到了许多家长的积极支持，有些家长专门请假来陪伴孩子！家长们也一直为孩子们忙碌着，化妆、幕后工作，紧张而有序！大家默默地为孩子们奉献，给了孩子们极大的鼓舞！

非常感谢学校为学生们提供这样一个平台，让他们充分展现自己的才艺，也让学生们的关系进一步团结融洽，增强了班级凝聚力！

"好书相伴，筑梦未来"——二年（1）班"七彩舞台"演出

4 月 12 日下午，安乐小学二年（1）班的"七彩舞台"隆重举行。这次表演凝结了二年（1）班班主任陈莉老师、所有学生们以及家长的心血与努力。大半个月的用心组织、排练、彩排，终于赢得了圆满成功。

"好书相伴，筑梦未来"七彩舞台，展现了二年（1）班小朋友们的活力、自信、阳光。才艺表演，让学生们放松了心情，放飞了梦想，收获了快乐。

15 点 30 分，"七彩舞台"准时在学校礼堂拉开帷幕。舞台背景大屏幕呈

第四章 "七彩舞台"美育活动课程的校本实践

现着老师和学生们在一起的点点滴滴，舞台上方的"好书相伴，筑梦未来"格外醒目。美妙的音乐响起，好一个温馨的画面，好一个美轮美奂的舞台！此刻，它正在等待着演员们的闪亮登场。学生们神采奕奕，有序地走向后台准备表演，观众们陆续进场就座，期待着学生们的精彩表演。

看，我们的小主持人闪亮登场了。4位主持人，漂亮自信的小美女，帅气阳光的小帅哥，手持话筒走向舞台中央，宣布表演正式开始。他们的天籁之音，是那么清脆悦耳，观众们的目光一下子集中到了舞台上。节目以集体节目《晨曲》开场，全班学生参加，节目编排新颖，集歌曲、运动、舞蹈于一体，动静结合，非常成功。紧接着芭蕾舞《堂吉诃德》，小美女舞者把"美"演绎得淋漓尽致，带我们穿越了时空隧道，和堂吉诃德一起当了一回骑士。观众拍手叫好。泱泱中华，礼仪之邦，神州浩土，钟灵毓秀，17位小朋友带来的时装秀《国风》，更是美不胜收。好朋友一起带来的歌曲《宠爱》，道出了友谊的珍贵。中国文化源远流长、博大精深、绚烂多彩，街舞《嘻哈少年》让我们真切地感受到了学生们的活力四射，才艺精湛。你见过傣族姑娘在竹林里踏着雨滴跳舞吗？看，她们来了，《雨竹林》带你去欣赏，带你去感受。此时此刻，《雨竹林》把表演推向了高潮。我们的祖国地大物博、风景如画，我们怎能不爱呢？听，《祖国祖国我们爱你》唱得多好，我们一定要爱我们的祖国妈妈哦！小品《都是喝酒惹的祸》以小见大，用幽默、轻松的舞台表演，告诉我们要爱惜身体，爱我们的家人。少年志则国志，少年强则国强。女子独舞《少年志》舞出了内涵，舞出了心声，舞出了强大。绕口令《数鸭子》，学生们用语言的独特魅力尽情表演，技巧、节奏都把握得很好，再一次让观众感受到了孩子们的语言天赋。作为一个拥有悠久历史的文明古国，我们曾在各个领域独领风骚，古筝独奏《沧海一声笑》，带着观众一起为我们的祖国喝彩，祖国妈妈是这样的伟大。最后羽毛球操《加油歌》，一群活泼的学生们在舞台上跟着节奏跳着，告诉大家，有明亮的眼睛，可以读万卷书；有健康的身体，方能行万里路！为表演画上了圆满的句号！

快乐的时光总是短暂的，16：40分演出圆满结束。所谓"台上一分钟，台下十年功"，每一个节目的完美呈现，都离不开老师、学生和家长的辛勤付出。

今天，"好书作伴，筑梦未来"七彩舞台的圆满成功，是给予大家最好的回报。为了学生们的童年有美好的回忆，为了学生们的快乐成长，一切都是值得的。灯光璀璨，精彩纷呈的七彩舞台，我们经历了，我们收获了，我们记住啦！

七彩舞台，出彩才艺，多彩童年——三年（1）班专场演出

为了让每一个孩子拥有幸福多彩的童年，给每一个孩子展示才艺的机会，安乐小学开展了"七彩舞台"主题才艺汇演。三年（1）班在学校的大力支持下于2017年4月6日下午举行了"七彩舞台，出彩才艺，多彩童年"专场演出活动。此次演出由三年（1）班家长委员会组织策划，三年（1）全体学生、老师及家长参与。宝安区人民政府教育督导室第二督学责任区刘小江督学长、罗玲副校长、彭文秀主任、各班班主任以及各班家委会成员出席观看了此次演出。

"星星雨，请你告诉我，那往事有多远。从一年级到现在已经三年了，3年，我和安乐一起成长……"演出在老师、学生、家长深情的回忆中拉开了序幕。整场演出共有8个节目，节目形式丰富多彩，有小品、情景朗诵、舞蹈、英文故事、合唱和亲子节目。舞蹈《大梦想家》和《小鸡小鸡》中学生和家长们的精彩舞技获得了观众的热烈掌声，因三年（1）班为贫困山区孩子捐图书、献爱心而诞生的朗诵《爱在山那边》感动着现场所有的观众，随后的亲子节目《相亲相爱一家人》将整场演出推向了高潮，小品《征婚第二集》更是引爆全场阵阵笑声，节目最后在三年（1）班全体同学合唱的《幸福拍手歌》的歌声中愉快幸福的落下了帷幕。

此次演出获得了宝安区人民政府教育督导室第二督学责任区刘小江督学长及现场观众的高度好评。刘小江督学长在演出结束时对三年（1）班全体师生作了重要讲话："七彩舞台不仅是孩子们展示才艺的舞台，还是连接学校、家庭、社会的大舞台和连接学生、老师、家长的大舞台。孩子们在台上定下一个小目标：'将来成为诺贝尔奖获得者'。我想，可能有的孩子就从这个舞台开始，成为歌唱家、舞蹈家、演说家、著名主持人、大老板，在人生中出彩。当你们真的成'大家'的时候，不要忘记回来看看引领你们起步的七彩舞台。祝同学们从七彩舞台走向成功，走向人生和社会的大舞台。"

此次演出活动体现了家校合力的重要性，倾注了学校领导、老师以及家长对学生们的心血和爱，愿安乐小学的学生们在这种幸福有爱的家校合力中茁壮成长！

"同学情、民族情、中华情"——三年（3）班专场演出

童年生活是快乐的，是幸福的，无忧童年是人生最美好最难忘的回忆，安乐小学开展为期一个月"七彩舞台"主题的活动。三年（3）班于4月11日下午在小礼堂举行以"同学情、民族情、中华情"为主题的"七彩舞台"文艺汇演。学校德育处彭主任出席活动，和师生、家长一起呵护童心，见证成

长！整场演出在《我相信》合唱中拉开帷幕，演出充满了欢乐的歌声、明快的舞蹈、学生的特长表演，使之成为具有以下特色的文艺演出。

特色一：主题更鲜明。本次演出围绕梦想、追求、珍惜。让学生们聆听着童年的欢乐，感受同学之间淳朴友谊。

特色二：舞台更给力。绚丽夺目的灯光、高清的音响音质、震撼的 LED 舞台背景给大家带来一场视听上的饕餮盛宴。每个节目都配以精心制作的学生日常相处的视频画面，大大地增加了节目效果，这其中凝聚了幕后老师、家长们的辛勤汗水，也因此成为舞台上一道亮丽的风景线。

特色三：形式更丰富。本次主持阵容强大，6 名学生同台主持。舞蹈、56 个民族服装 T 台秀、歌曲联唱、钢琴独奏、快板表演组合联袂登台等多种演出形式，让台下观众应接不暇、拍手叫好。

特色四：节目有创意。56 个民族服装 T 台秀是由班上 56 个学生共同演出，班上舞蹈小明星田婧琳同学独舞了《魅力女孩》，《架子鼓》节目是由黄俊博、罗梓城演绎的，中国舞《小红娘》由付予嘉、梁嘉欣、陈慧莹等 6 名同学共同演绎，值得一提的是，整场的节目都是由三年（3）班家委会组织策划，是三年（3）班师生共同合作演绎的，多彩的节目形式、才华横溢的师生打造了这场丰盛的文艺盛宴。

童心颂党 礼赞祖国——二年（1）班"七彩舞台"演出

第一章：一颗种子的诞生

1921 年 7 月 23 日，一颗新中国的种子在这片古老的大地上种下，经过 28 年的风风雨雨，这颗坚韧不拔，活力充沛的种子破土而出，成为一株茁壮的树苗，在无数先贤和革命烈士们的悉心浇灌下，这株树苗经过 70 年的快速成长，如今，已经成长为一株屹立在世界之林中的参天大树。

2019 年的 11 月 22 日，安乐小学二年（1）班的全体学生，在这颗参天大树下，跳起了欢快的舞蹈，表演了一个又一个的精彩节目，为这株参天大树献上自己最热烈和真诚的爱。

第二章：载歌载舞

一首 *Good Boys and Girls* 的舞蹈表演，是舞台上的学生用数十天的努力和汗水，为所有观众送上了一场声音与画面的盛宴。随后，配乐诗朗诵的学生们，用嘹亮而又饱含感情的童音，朗诵一篇篇为党和祖国献上的颂词；跆拳道表演的学生向观众们展示自己强壮的身体和昂扬向上的精气神；小品表演的学生用自己的表演为在场的小观众们点亮了一盏防拐骗的警灯；时装秀的学生身穿我们民族的传统服装，为观众展现出中国五千年的文化精粹；还有 4 个个人表演的学生，用他们的才艺为观众们展现当代小学生多姿多彩的童年生活。

第三章：传承与发扬

1950年的一天傍晚，王莘老先生经过天安门前时，被飘扬在天安门前的红旗所感动，用充满热爱的心，写下了一首脍炙人口的歌曲；2019年的今天，安乐小学二年（1）班的学生们，也用充满热爱的心唱着这首歌，唱着对祖国的情，对祖国的爱。

第四节 "七彩舞台"精彩大戏

《初心·致远——安乐小学建校70周年主题晚会》是一场凝聚全校师生、家长心血的校庆大戏，是"七彩舞台"数年成果的缩影。从这个舞台上，我们看到了安乐小学人强大的创造力、表现力。这台晚会主题鲜明，全面呈现安乐小学发展历史与师生风貌；节目创编新颖独特，生动地再现了安乐小学的故事，体现了安小人的学校精神、师生的多才多艺；流程组织环环相扣、流畅自然；节目内容丰富多彩，表现形式巧妙变换。整台晚会给人以美的享受，综合呈现了学校美育成果。

初心·致远——安乐小学建校70周年主题晚会

晚会主题：《初心·致远》

活动时间：2022年11月20日

活动地点：安乐小学运动场

参与人员：关心和支持学校发展的各级领导及社会人士、退休教师、校友、兄弟学校代表、学校师生及家长

开场白：

春风育桃李，百年不远，校史常青。师者，传道授业，青衿之志，履践致远。始于1951年教育使命的星星之火，生生不息，70年风雨不辍，"安"于城市蓬勃发展的历史长河中，是初心不忘的扎根之志。一代又一代的孩子们在这里"安于学习，安于成长"，这里是知识的乐土、成长的乐土。

安小顺应每个学生的特点、特长进行培养，发挥他们的特长和个性，朝着阳光不断茁壮成长。在安小的个性教育和阳光教育之下，每个学生都能在安小收获自信、独立思考的能力、自主创新的能力和健全的人格。

第四章 "七彩舞台"美育活动课程的校本实践

一、播放《学校70周年宣传片》暖场视频

【管乐团暖场表演】

画外音温馨提示（循环播放）：

尊敬的各位领导、各位来宾及在场的各位朋友们，大家好！欢迎来到安乐小学建校70周年主题晚会活动的现场，现在温馨提示，为营造良好的观演氛围，请现场观众文明观演，切勿喧哗，并保持观演现场的整洁干净。亲爱的来宾朋友们，演出即将开始，请台下还未就座的观众，抓紧时间有序就座，感谢您的配合！

二、仪式环节

【倒计时 VCR + 晚会主题片头 + 音乐灯光秀】

（晚会总片头文案）

我们风雨兼程70年

70年春风化雨，初心如旧

70声安小盛歌，奋楫笃行

教书育人70载，桃李天下传芳华

我们不忘初心，牢记使命

我们踔厉奋发，奋勉践行

个性教育，初心致远

三、开场大歌舞

《今夜星光闪闪》

四、胡校长主持开场仪式

【开场歌舞完毕，画外音引出胡校长主持开场仪式】

（画外音文案）

尊敬的各位领导、各位来宾及在场的各位朋友们，大家好！这里是安乐小学建校70周年主题晚会活动的现场，首先对各位的到来表示热烈的欢迎和衷心的感谢！现在有请安乐小学副校长胡在能先生主持开场仪式！

五、校长及嘉宾致辞

（仪式环节结束后，直接进入主题晚会第一篇章片头）

第一章：初心

（片头文案）

我家割来茅草，你家砍来竹子，在茫茫滩涂上矗立起一座茅草屋，开启播种希望……

从茅草屋迸发出一股精神力量，流淌在一代代安乐人的血脉里……

初心致远！

六、情景再现：《初心》

【50年代。草棚内，李欣老师（年轻女）带着众学生朗读课文《毛主席像太阳》。吴桂琴老师（中年女）在给张建老师（年轻男）理着发】

众人：

"毛主席，像太阳，他比太阳更光亮。（齐）小兄弟，小姐妹，大家一齐来歌唱：太阳太阳永远光亮，我们跟你永远向上。"（新中国成立后第一套小学教材中的第一篇课文内容）

【李欣老师拿着蒲扇，认真地听着同学们的朗读】

【有蚊子在飞。众人拍打】

张建：哎哟。

吴桂琴：夹着你了？

张建：你小心点！

吴桂琴：哎，我这刚学的手艺，要不你上街上理去？（推他）

张建：哎呀，呀！全宝安就只有一家理发铺，我等不起——

李欣：好，下课！（稍停顿）唉，这叫什么蚊子？白天也敢出来"打针"！

吴桂琴：（对众同学）小李老师，这是让您……

众同学：（起哄）义务献血哪。

吴桂琴：（拍自己脸一巴掌）呵！瞧瞧，我也"献血"啦。李欣老师，您别看咱们就这几个学生，其实啊，在这学习的可多啦。

李欣：还有学生？

张建：当然啦，还有这的鸟儿、虫儿，包括这些蚊子……

同学甲：（抢答）还有"白娘子"。

吴桂琴：是呀，有时候，她钻进这草棚教室里昂着头听课，不是学生是什么？

张建：（故意吓人）别动！她就是你脚下盘着的小白蛇。

李欣：白娘子？学生？（疑惑挠头）

李欣：妈也！（惊吓跳起来）讨厌！还有你们！（众人大笑，李欣追打着学生们）

【校长上。众人安静】

校长：这是什么样的"战斗"啊？

同学：校长好！

校长：同学们好！（走到李欣跟前）李欣老师，你辛苦了！（客气状、握手）

李欣：（牢骚地）校长，我有件事想向你汇报……

吴桂琴：校长，县教育局来电话了。

【电话猝然响，校长接】

校长：哦，李欣老师请稍等。喂！对。哦，是县教育局啊。对对对，我们这边师资严重不足啊，请求多派些教师过来……

【李欣抢过电话】

李欣：我来我来！是呀领导，我们这就只有一间草棚教室，三个老师，八个学生，教的只是初小；（机关枪式语速）学生的普通话还烂得不行。（停顿）哦，好的。校长，接电话。（躲一边小声犹豫地说，将电话递给校长）

校长：（停顿）什么？要自己解决？（停顿）这……喂……哎！

【校长无奈挂掉电话】

校长：哎，没办法，学校刚创办，各方面都很困难。

张建：不过我相信只要通过我们的努力，以后会好的。

李欣：哎，校长，那要等到什么时候？（无奈，心理不悦）

【校长沉默，下场。……李欣站着发愣】

【雷声伴着雨声，吴桂琴看看手表】

吴桂琴：时间到了，同学们准备上课。

【雨声持续，吴桂琴准备上。张建收拾头发，远远地看着李欣。一村民拉一男孩上】

村民：（质朴地）老师，你是老师吗？

李欣：（回过神来）啊，你有事？

村民：（推男孩上前）喏，他想上学。

李欣：哦，想上学。（打量）看样子不小了，你，叫什么呀？（男孩不语，低头）我问你，你叫咩名啊？（粤语）

【男孩仍不语】

男孩：（故意啊啊地发音，让人不清楚说了什么）……

李欣：他这是怎么了？

村民：耳朵听不清，所以他不会正常说话，很特殊。

李欣：啊，听不见？他这种情况，那要送特殊的学校呀。我们这儿不收。（作势离开）

村民：不不不，老师你就帮帮忙收下他吧！他爸、妈都在香港，就留下这么一条"根"，说今后还想"落叶归根"，所以，他爸妈不想他特殊，只想他正常。老师，你就收下他吧！这地方过去没有学校，现在好不容易有了，乡亲们高兴得不行，看在这份上，你收下他吧。

李欣：（为难地）爷爷，你这，不是难为我吗……

村民：啊，瓜仔，你跪下，求老师呀，跪，快跪！

【村民强按瓜仔跪地，瓜仔反弹地站起，怒视李欣，然后扭过脸跑到雨里；突然打起自己的嘴巴，不住的啊啊叫起来……】

【张建见状，拿伞跑到雨里，照顾孩子】

张建：孩子，别怕，老师答应收下你啦！老师答应收下你啦！

【小孩破涕为笑。对众人竖着大拇指笑起来】

【雷雨声更猛，眼看草棚即将塌了。吴桂琴撑着房柱大喊】

吴桂琴：同学们，别慌！（跑出来大喊）不好啦，草棚要塌啦！

【校长赶来，众人保护草棚】

校长：大家不要慌，赶快保护草棚！

村民：乡亲们，快来呀，草棚要塌了！（声嘶力竭大喊）

【村民们上场，一起拼尽全力支撑着草棚】

校长：小李啊，我知道你要说什么，你要是考虑清楚了，我绝不拦你。

李欣：（一抹泪）校长，我决定了，我就留在这个草棚！

众人：什么？

【风雨渐渐散去】

李欣：我也曾把教师看成一种谋生的手段，可今天我想说，教育是我毕生为之奋斗的事业。不管将来遇到什么样的困难，我绝不当逃兵。

校长：好！（握手）我替孩子们谢谢你！

【琅琅读书声再次响起】

众人：

"毛主席，像太阳，他比太阳更光亮。小兄弟，小姐妹，大家一齐来歌唱，来歌唱！"

【读书声回荡在校园里，光渐渐暗……（无缝衔接下一个节目）】

七、舞蹈《我们的田野》

【节目结束演员定格，融入石头爷爷出场的表演，再退场】

八、情景剧：《石头爷爷找草房子学校》

石头爷爷：好一片希望的田野（衔接上一个节目）

【珊瑚树和小露珠正在高兴地追赶打闹，突然看见坐在石头上若有所思的石头爷爷】

珊瑚树：欸，小露珠，你快来啊，那边有位老爷爷，他好像迷路了。

小露珠：走，我们去看看。（嬉笑）

珊瑚树：爷爷，您怎么啦？

石头爷爷：我想找一个学校，可是啊，年纪大了，怎么找都找不着了。

小露珠：要不我们帮您一起找找。

石头爷爷：好哇，那你们是谁啊？

小露珠：人们都叫我小露珠。

珊瑚树：我叫小珊瑚

石头爷爷：哦？小露珠。

小露珠：嗯，爷爷。

石头爷爷：哦，小珊瑚。

珊瑚树：嗯，珊瑚树。欸，爷爷，那你叫什么名字呀？

石头爷爷：我啊，你们就叫我石头爷爷吧。

珊瑚树：石头爷爷，那这个学校是怎么样的，您还记得吗？

石头爷爷：那是一间简易的茅草房子。

珊瑚树、小露珠：茅草房子！

石头爷爷：刚开始就只有七八个娃娃上学。（捶腰）哎哟，可累死我了！

小露珠或珊瑚树：那石头爷爷，这个草房子学校叫什么名字呢？

石头爷爷：当年啊，它只是一个教学点，也没有什么具体的名字，倒是让我想起来，一个古老的传说.

小露珠、珊瑚树：古老的传说？石头爷爷，你快跟我们讲讲吧，讲讲吧。

【石头爷爷、小露珠、珊瑚树退在一旁】

石头爷爷：在很久很久以前，那里原是一片滩涂，前面是一片汪洋。渔民们日出而作，日落而归。直到有一天，东海龙王的儿子睚眦在这儿兴风作浪。

【突然有一天，海面上狂风大作，恶浪滔天】

睚眦：我是东海龙王的二太子睚眦，这是我的地盘，你们这群人都给我滚——

【睚眦带着一群虾兵蟹将在欺负老百姓，再后来，天空出现了一道光，玉帝派妈祖下界，降伏了睚眦】

妈祖：睚眦，你作为东海龙王的儿子，居然滥用法术，欺负百姓。我命你速速回你的龙宫。

【渔民们跪下，向上苍祷告】

渔民：妈祖，虽然这一次我们赶走了龙王二太子，但是他们是不会善罢甘休的，我们该怎么办哪！

妈祖：我会赐予你们安乐石，保你们安宁。

渔民：多谢妈祖！

【妈祖在此降下巨石】

众：

安－乐－石（众人欢呼）

【海浪，鸟叫……】

【音乐】

石头爷爷：有了安乐石，日子倒是安宁了，但人们依然穷困。直到新中国成立，渔民们才知道，想要改变命运，一靠彻底打破旧世界，二靠掌握文化科学知识。

小露珠：所以"安乐"二字，指的就是在这片土地上要有好的学校，要有甘愿奉献毕生精力的"安贫""乐教"的好老师吗？

【石头爷爷复上——】

石头爷爷：是啊，你可真聪明！正是有了这样的好老师、好校长，我上过的小学才有了巨大的变化。今天，我要亲眼再看看它！

珊瑚树：可是？（四望）这儿连草房子都没有哇。

石头爷爷：就是啊，如今，我连学校叫啥名字都不知道（进入回忆，幸福地）我记得我们的班主任叫蔡老师，草房子前面是草坪，再往前走就是绿油油的、好大的一片稻田。还有一条小河，"哗啦啦，哗啦啦"，整天地唱歌，我还在河里抓过鱼呢。

珊瑚树：我想起一个地方啦，老爷爷快请跟我走——

石头爷爷：真的呀！

珊瑚树、小露珠：走咯！

【二人走下】

【儿童歌舞《月光光》，主演与舞蹈演员融合表演】

【三人来到了一片田园秀丽的风景区】

【屏幕上出现"海上田园"，这里有草房子、蘑菇房子、瓜果长廊，还有一条泥鳅河——】

石头爷爷：这是，这是什么地方？

珊瑚树和小露珠：这是我们种的向日葵呀！

石头爷爷：真棒！真棒！

珊瑚树和小露珠：那当然啊

珊瑚树：爷爷快跟我来这边！

小露珠：爷爷快跟我来这边！

石头爷爷：我说小珊瑚啊，小露珠啊，你们把我的头都给绕晕了。小珊瑚，小露珠，你们在哪啊？

珊瑚树：我在这呢！

第四章 "七彩舞台"美育活动课程的校本实践

小露珠：我在这呢！

石头爷爷：（揉眼看，摇头）对……又不对！当年的长板凳、长条桌，还有老师做饭给我们吃的灶台哪去了呢？（抬起头）哟！这不是我们小时候的草房子学校，这门上有大字："海上田园风光"吗？唉！我的草房子学校到底在哪？

【音乐起，老人边说边落泪了，像个孩子似的伤心和渴望】

珊瑚树：老爷爷，您别难过。我们再带您去别的地方。

石头爷爷：（连连点头）好的，谢谢你们！

【二人下】

【笑声，情景舞蹈《校园的早晨》】

【屏幕上出现安乐小学校园景，壮观、美丽】

【二人复上——】

珊瑚树：石头爷爷，您都看过几所学校，您都直摇头，那么您再看看这所学校。

石头爷爷：（看，揉眼再看）好吧。那你给我介绍介绍吧。

珊瑚树：好。这可是远近闻名的现代化学校，一进校园就是一个崭新的运动场，那边是综合楼，穿过电脑室，就到了智慧班。

石头爷爷：智慧班？

珊瑚树：智慧班的同学都用 ipad 上课写作业呢，老师改作业"秒批"，一秒内就能知道同学们的作业做得对和错了。

石头爷爷：（捋胡子笑呵呵地）神！用你们小朋友现在的话怎么说？

珊瑚树：（挥下拳）这叫——"奥利给"！

石头爷爷：（有样学样地）哦，奥利给！

【二人笑】

珊瑚树：石头爷爷，现在我们来到了剧场。看！这就是我们最喜爱的"七彩舞台"，每个同学都能在这儿展示自己的个性特长，（对台下）各位朋友，猜猜这是什么学校？

【台下互动回答：安乐小学】

石头爷爷：（惊）什么什么？请再说一遍——（用手竖起耳朵，听）

【台下再回答：安—乐—小—学】

【掌声】

石头爷爷：（呆了一下，喃喃地）找到了找到了，（老泪纵横）呵呵，我的草房子学校它就叫安乐小学！"安居乐业、成就本领"就是安小人祖祖辈辈的美好夙愿。（对着空中呼喊）蔡老师——，70 年前您给我们描绘过的宫殿学校就在眼前啊！这变化，（再挥拳）——奥利给！

【音乐，掌声……】

【节目结束舞台大屏呈现主题字】

初心如磐，牢记使命；青衿之志，履践致远

【无缝衔接下一个节目，同时下个节目视频中融入第二篇章片头】

第二章：个性之花满园芬芳

（片头文案）

感恩树下谢师恩，心愿花前种太阳；七彩舞台展个性，乐辩园里生翅膀……

多彩课堂闪耀光芒，知识宫殿放飞梦想，个性之花满园芬芳……

九、情景主题剧《闪亮的我们》

【歌表演：校歌《七色童年我做主》】

少年少年，七彩的阳光！感恩树下谢园丁。

心愿花前种太阳，多彩课堂闪耀光芒。

少年强，中国强，个性教育育栋梁。

七色童年，我做主，明天我们将中国梦写在历史的长廊。

【第一幕】

周老师：同学们，古人在造字时非常聪明，他们将所有与"树"有关系的字都用"木"字做偏旁。

方方：（举手）老师，老师，你说得不对！树叶的"叶"，它就没用"木"做偏旁。

周老师：同学们，你们认为呢？（众沉默）不要怕，站起来大胆说！你们可以自由发表自己的想法。

甲同学：（站起）老师，这次我也觉得方方说得对。

乙同学：（站起）少来，老师怎么会错呢？

丙同学：（站起）咦?!老师怎么就不会错呢？

周老师：同学们，大家下课后可以带着这个问题去思考或查阅资料，看看有没有新发现，好不好？

齐：好！

【场景音乐】

方方：（呼喊）老师，老师，抱歉！刚刚我不该在课堂上顶撞您！

周老师：没关系的，方方。老师一直告诉你们，要学会独立自主思考，今天你做到了,老师很高兴。

方方:这……真的?

周老师:是啊,而且听课的校长和老师们告诉我,他们都很欣喜,说我们努力开展的互动启发式教学,没有白费!

周老师:对了,关于这个"叶"字,老师给你看看这个(周老师拿出一张纸,上面写着繁体字"葉")

方方:啊,这个"葉"字是有"木"字底的!

周老师:对,不过它现在简化了。

方方:原来是这样,老师您说得对!

周老师:学习就是需要我们自己不断地思考才会进步啊,这次老师要给你点个大大的赞!方方你真棒。(掌声)

方方:谢谢老师!

【第二幕】

【诙谐音乐起】

【王小帅一副骄傲状地走出来,扰乱秩序】

众人:这孩子怎么这样啊!

王小帅:(玩着游戏机)真好玩儿。

赵同学:王小帅,小帅早上好!(热情地打招呼)

王小帅:赵——大——头——

赵同学:不许叫我外号!

王小帅:我就叫,大头、大头……

赵同学:(生气的)我再也不和你玩了!

王小帅:哼,你不和我玩,我才懒得跟你玩呢,大头!

赵同学:哼!(气愤离场)

【转场,早晨老师在校门口迎接同学们入校,师生们都热情打招呼,回荡着"同学们早""老师好"等】

【这时,王小帅大摇大摆地走进校园,完全无视老师的招呼】

老师:同学,早上好!诶,那同学,你怎么不知道鞠躬啊?

王小帅:我不爱鞠躬。(憨憨撒娇似的笑着)

老师:你不爱鞠躬,你笑什么呀?

王小帅:我觉得你们鞠躬特别像我爸汽车上的点头娃娃。

老师:什么,你是哪个班的?(老师生气)

王小帅:我不告诉你。(做鬼脸状跑到了教室门前)

【班级里传来七嘴八舌的话语,王小帅从教室外面听到】

众人：

王小帅太没有礼貌了，我才不和他玩呢！

对，大家以后都别跟王小帅玩！

嗯！

王小帅：哼（不高兴），你们不跟我玩，我还懒得跟你们玩儿呢。

齐：哼！

【音乐转场，留下孤零零的小帅一个人在校园里坐着】

老师：王小帅，小帅，怎么了，垂头丧气的？

王小帅：为什么，同学们都不愿意理我了，大家都不喜欢我。

老师：那你知道这是为什么吗？

王小帅：他们都不好，他们全是坏蛋。

老师：小帅呀，要想别人对你好，首先你要对别人好啊，做一个懂礼貌有修养的好孩子，才会受到大家的欢迎啊。

王小帅：真的是这样吗？

老师：是啊，小帅来看看。

【情景再现演绎】

【场景一】

同学1：老师您好！

老师1：你好啊！

同学1：我在运动场捡到一块遗失的电话手表交给您。

老师1：你是哪个班的同学？

同学1：三年级一班。

老师1：你可真棒，我看看是谁丢的，再见！

同学1：再见！

【场景二】

老师2：同学们，这是咱们昨天收上来的数学作业，我已经批改完了，这次你们做得特别棒！

同学们：谢谢老师，您辛苦啦！

老师2：不客气！

【场景三】

同学3：老师，谢谢您的耐心指导，今天跆拳道比赛时，我学到了好多，太高兴了！

老师3：小朋，继续加油哦。

同学3：知道了，老师您辛苦了，谢谢您！

老师3：不客气！

老师：小帅，都看到了些什么呢？

小帅：（思考）大家都很友好，他们都露出了微笑的脸。

老师：还有呢？

小帅：伸出了赞美的大拇指还有感激的鞠躬礼。

老师：还有呢？

小帅：辛苦了！我帮您！谢谢您！不客气！这些话我好像从来没有听过。

老师：没听过，是不是因为你从来没有说过呀？

小帅：（不好意思地低头回答）是。

老师：小帅，人与人之间要互相帮助，要懂得感恩。小帅，就先从鞠躬礼做起吧。

小帅：老师，我明白了，谢谢您！（鞠躬）

【第三幕】

【画外音：安乐小学"七彩舞台"合唱比赛现在开始】

【歌表演】

童心向往的那个世界，离我们并不远，

跟着太阳出发出发，是所有欢乐的笑脸，

童心向往的那个世界，在我们心里面，

渴望星星闪烁闪烁，是所有真情的祝愿。

李老师：同学们，这遍唱得不错，不过呀，我们还需要一个小指挥，谁来试一试啊？

悦悦：老师，我特别想当小指挥，可是我的心都提到了嗓子眼儿啦。（不自信地表达）

李老师：悦悦同学，你不想当小指挥吗？（鼓励性地反问）

悦悦：想，可是我，我不敢。

李老师：做个勇敢的孩子。

悦悦：我怕我做不好。

李老师：悦悦同学，你的乐感特别好，就是胆子太小，自信点，再说学校的"七彩舞台"就是一个"人人成功"的舞台，老师相信你可以的。

悦悦：老师，谢谢您的鼓励！我的爸爸妈妈从小就经常出差，家里只有爷爷和我。我特别羡慕别的同学，每天都有爸爸妈妈的陪伴，从我懂事起，就很胆小，不爱说话。书上说，夜晚的星星会唱歌，李老师就像一颗最亮的星星一样，一闪一闪地照亮了我。教我读书，给我梳头，鼓励我做一个自信阳光的孩子。李老师，您能不能让我叫您一声妈妈，妈妈！（《鲁冰花》音乐起，李老

师将悦悦深深拥抱着,节目推向高潮)

李老师:(呼喊,拥抱)悦悦!悦悦,做个自信的孩子,勇敢点儿,只要你忘记心中的恐惧,微笑着去面对,你会发现属于你自己的闪光点,悦悦,加油!

齐:加油!

【接歌表演《让爱传出去》】

爱是看不见的语言
爱是摸不到的感觉
爱是我们小小的心愿
希望你自信快乐永远
爱是仰着头的喜悦
爱是说不出的感谢
爱是每天多付出一点点
双手合十不在乎考验
让爱传出去
它像阳光温暖我和你
不管有多遥远
总有到的那一天
让爱传出去
那前方漫漫人生路
有你的祝福
没有过不去的苦

【朗诵台词】

学生1:也许,我不是最完美的,但老师教会我,每个人都是世上独一无二的存在,老师,您的鼓励和教诲如阳光一样照亮了我的人生!

学生2:安小像太阳,又像星星,在我们成长的路上,点明一个又一个的路灯,让我们在阳光下快乐成长。

老师:立德树人,为国育才,能为孩子们"传道,授业,解惑",我感到荣幸又任重道远。只有爱护每个学生,用心参与他们的成长,才能不负他们叫我一声"老师"。

【节目结束,舞台大屏呈现文案】

感谢敢为人先,上下求索的安小教师们!
感谢勤勤恳恳,不辞劳苦的安小老师们!
感谢鼎力支持,携手与共的安小学生的家长们!

第四章 "七彩舞台"美育活动课程的校本实践

【石头爷爷、小珊瑚、小露珠节目串词（第一次）】

小露珠：这一张张照片的背后，是老师对同学们沉甸甸的爱。

珊瑚树：我家的相册里，也珍藏着和老师的合照呢！

石头爷爷：真羡慕你们啊，我们那个年代，拍照都要到照相馆呢！

小露珠：石头爷爷，我们最近学会了一项新才艺，很潮很有范儿。

珊瑚树：是啊是啊，这项表演才艺能说能唱还能跳，还能自动转换无缝连接呢。

石头爷爷：爷爷是老古董了，跟不上时代的潮流，快告诉爷爷是什么？

小露珠：哈哈，爷爷，爷爷，您还记得您那个年代流行的快板吗？有点类似呢，是升级版。

珊瑚树：我们就别卖关子啦，一起表演给大家看看吧，爷爷您也可以加入进来一起玩哦。

小露珠：炫酷的舞蹈和悦动的音乐正告诉大家，安小的孩子们是最有个性的太阳！

十、音舞说唱《个性阳光》

【齐诵】

立德树人，个性阳光，安小少年快乐扬帆！

七彩舞台，全面发展，安小少年自信成长！

安小少年自信成长！

【音乐起】

齐：

新起点，七十周年成果显。

新时代，安小少年人人爱。

新风貌，七彩舞台我骄傲。

新辉煌，素质教育创辉煌！

素质教育创辉煌！

女1：创辉煌，走上场，个性成长初登场！

齐：对，个性成长初登场！

【女1讲述】

2016年，我刚成为一年级的小朋友，那时候我们学校有了新的变化，老师说，要开启"全面发展，个性阳光"的个性教育，让我们每个人都能找到自己的长处，闪闪发光。

男1：我要问，个性到底要怎么保护？

女2：班班登台，人人出彩，家校一起来呵护！

女1：全员参与，人人成功，放飞个性走花路！

男1：那，全面发展又是什么？

女1：这样的题目难不了我。挖掘潜能扬优势，共性发展更优质，个性培养有层次！

女1：大家说的特别对，再考几道会不会。多彩课程有哪些？

女2：这个问题太简单，答不出，怎敢说我是安小人。

齐：你呀你呀可真棒！

女2：校本课程敢创新，"七彩舞台"不偏心。

人人都能上台去，教育模式可持续。

英语自然拼读课，每周带给我快乐。

齐：快乐！

男2：下面我来做补充。

2021办校庆，心里真的很高兴。

七十周年如约至，感慨时光在流逝。

七彩舞台不儿戏，传承班班一台戏。

"读书、科技、艺术、体育"四大节，

见证了，素质教育助成长！

齐：对，见证了，素质教育助成长！

男1：下面的问题有点难，均要一口气全说完。

齐：一口气？

男1：素质教育内容多，一个一个说一说。

齐：我来！

女2：师生练习跆拳道，小小创客拿专利；

校园教唱学京剧，舞蹈乐团样样行；

参加比赛夺奖牌，七彩童年放光彩！

女1：我要问，你可知，创新课程是什么？

齐：安小少年创新院！

女1：接下来，我们一起把创新奖项数一数。

男1：新型水龙头、自动扫地机、多功能垃圾桶，还有多翼无人机。

男2：创新能手可不少，还有简易消毒盒、自由调节的课桌、干湿分离用品袋。

女1：你们都会抢答了！

齐：哈哈哈……

齐：一块黑板三尺台，一切为了创品牌！

男1：管理采用新方法，新的规划出了台。
女1：教学采用新方法，沉闷的课堂出了彩。
男2：德育育人用新法，以人为本心花开。
齐：方方面面用新法，个个品牌创出来。
女1：网络教学、特色教育、双语教学有品牌。
男2：课程改革、树立名师、班班一戏有品牌。
齐：素质教育大品牌！素质教育好品牌！

【街舞秀】
女1：你们看，安乐小学的校徽！
一抹蓝一抹绿，画个爱心守护你。
蓝天绿地红太阳，我们在这乐成长。
三个元素结合好，象征着——
新时代，素质教育在领跑！
齐：素质教育在领跑！

【对话】
男1：多美好的七色光 赤橙黄绿蓝靛紫。
女2：这是我们的个性 五彩缤纷多绚丽！
男2：这是我们的自信 向阳而生多幸运！
齐：这是我们的安小，爱你安小！

【歌曲《爱你，安小》】
个性教育在安小 哦
我们全面发展哦哦哦
自信阳光
爱你安小 爱你安小
爱你安小 爱你安小
我们成长在安小
自信 快乐 有特长
安小 安小 爱你安小
爱你安小 爱你安小
爱你安小 爱你安小
我们成长在安小
自信 快乐 有特长
安小 安小 爱你安小
爱你安小 爱你安小

第三章：致远

（片头文案）

七十年发展历程，汇聚成开拓创新的精神力量，激励新一代安乐人砥砺前行，再一次出发，我们步伐坚定，豪情满怀……

"校园书香浓郁，共性发展优质，个性成长出彩"的美好愿景将在我们的手中绘就！

【石头爷爷、小珊瑚、小露珠节目串词（第二次）】

石头爷爷：我们的安小啊，我爱你，我太想你了。七彩舞台、创新课程，每一样都如数家珍。谢谢你们啊，带我看到了安小如今的新风貌。看着孩子们才艺展示，我心里是真的高兴呐。

小露珠：石头爷爷，不客气。深圳是片神奇的土地，我们的安小在这茁壮成长。这魔法般的快速发展，离不开老师和同学的努力。

石头爷爷：是啊，也同样离不开这个伟大的腾飞时代，更离不开祖国的繁荣昌盛。

小露珠：老师常常告诉我们，少年强则国强，少年兴则民族兴。作为新时代中国好少年，同学们一定会好好学习，奋发向上，因为责任重大，使命就在中国少年的肩膀上呢。

珊瑚树：中国梦，少年梦。此刻，未来，我们要记住新时代的最强音：强国有我，请党放心。

石头爷爷：是的，你们都是祖国含苞待放的花朵，旭日东升的栋梁，更是社会主义康庄大道上的追梦人。

合：不忘初心，青春朝气永在；志在千秋，百年仍是少年。为实现中华民族伟大复兴的中国梦而奋斗。

小露珠：听那隆隆声，安小的孩子们昂然挺立的精气神正从远方传来。

十一、鼓乐表演《中国少年》

【第一段朗诵】

男领诵：

少儿励志，君子坦荡

醴醪竹韵，明德昭彰

男女齐诵：

少儿励志，少儿励志

君子坦荡，君子坦荡

醴醪竹韵，醴醪竹韵

明德昭彰,明德昭彰
男领诵:
诚以修身,信以立志
仁孝齐家,忠义兴邦
男女齐诵:
诚以修身,诚以修身
信以立志,信以立志
仁孝齐家,仁孝齐家
忠义兴邦,忠义兴邦
男领诵:
惜时如金,共荣同窗
格物致知,汇集四方
男女齐诵:
惜时如金,惜时如金
共荣同窗,共荣同窗
格物致知,格物致知
汇集四方,汇集四方

【第二段朗诵】

男女齐诵:
少年强则国强,少年智则国智,少年富则国富;
少年独立则国独立;少年自由则国自由。
男1领诵:
少年强
男2领诵:
则国强
男3领诵:
少年智
男4领诵:
则国智
男5领诵:
少年强
男6领诵:
则国强
男女齐诵:

少年强则国强

【第三段歌曲】

五星红旗，你是我的骄傲

五星红旗，我为你自豪

为你欢呼，我为你祝福

你的名字，比我生命更重要

五星红旗，你是我的骄傲

五星红旗，我为你自豪

为你欢呼，我为你祝福

你的名字，比我生命更重要

你的名，比我生命更重要

【节目结束，舞台大屏幕呈现文案】

祝福我们伟大的党永葆青春！

祝福我们伟大的祖国繁荣昌盛！

【石头爷爷、小珊瑚、小露珠节目串词（第三次）】

小露珠：黑眼睛黄皮肤中国少年郎，说得到做得到为人热心肠。（唱）

珊瑚树：五千年五千岁少年炼成钢，一点点一滴滴步步响当当。（唱）

石头爷爷：哟，你们都唱起歌来了。

小露珠：石头爷爷，我们还要唱呢！

小露珠、珊瑚树：少年强则中国强，少年荣光则国荣光，相信你相信我全部力量，现在开始从我做起做栋梁。

石头爷爷：好啊，好样的！你们都是中国好少年！

小露珠：爷爷，您看啊，雨后的天空出现了五颜六色的彩虹，真美啊！

珊瑚树：是啊，在阳光的折射下，布满露珠的青青草地更加翠绿，生机勃勃了。

石头爷爷：你们观察得真仔细，这些露珠就像阳光下播撒着希望的种子，正以顽强的生命力，茁壮成长。

小露珠：安小的孩子们就像那小树苗，在太阳底下，生生不息，一节更比一节高。

十二、综合展示《阳光下成长》

【情景课桌、课本舞蹈、画板助威队、啦啦宝贝、篮球、跆拳道综合表演】

【石头爷爷、小珊瑚、小露珠节目串词（第四次）】

石头爷爷：孩子们太棒了！太棒了！素质教育的成果真丰硕！我知道，还有一位校友,在今年的全运会中也取得了很好的成绩,获得了跆拳道的全国第八名!

小露珠:是啊,他就是校友田伟极!

珊瑚树:看着一届届毕业生离开安小,步入更高的知识殿堂,感恩之情油然而生。

小露珠:我和你,心连心,希望哥哥姐姐们常想起安小的美好时光。

珊瑚树:我和你,手牵手,希望哥哥姐姐们常回家看看。

石头爷爷:我和你,相约在安小,永远在一起!

十三、歌曲《永远在一起》+朗诵《毕业典礼》

【歌曲歌词】

你是温暖的阳光
你是甜美的空气
你是快乐的云朵
你是深情的大地

我们是如此地爱你
胜过了爱我们自己
花朵不忘春风春雨
盛开在你的怀抱里

给我飞翔的翅膀
给我追寻的勇气
给我闪耀的星星
给我梦想的火炬

我们是如此地懂你
每一天都向你看齐
今天是你未来是你
我们永远都在一起

我们是如此地爱你
胜过了爱我们自己
花朵不忘春风春雨
盛开在你的怀抱里

我们是如此地懂你
每一天都向你看齐
今天是你未来是你
我们永远都在一起

【朗诵台词】

学生1：亲爱的安小，您好，我们是即将毕业的六年级的学生，这一刻本以为会很远，但它却悄悄地来了，不经意间就要说再见，在安小的每个角落里都有我们欢快的身影和美好的回忆。我爱您，我的安小。

学生2：我最爱和同学们聚集在乐辨园下读书，我们阅读经典，感悟人生。亲爱的安小，感谢您，是您让我拥有了一个新时代少年的志向。

学生3：如果有人问我的小学老师是谁，我一定会骄傲地说出你的名字，感谢您，我最亲爱的老师。

学生4：在我们即将踏入中学的前夕，我们一定不会忘记安小对我们的培养，老师对我们的陪伴，不管将来发生什么，都用微笑面对生活，做一名个性品质优良的阳光少年。

学生5：安小是我们梦想起飞的地方，我们即将要毕业了，要把这梦想的翅膀展开，飞向更高更远的地方。放心吧，亲爱的老师！

学生1、2：放心吧，亲爱的安小！

学生3、4、5：我爱你，我的老师！

学生齐：我们爱你，亲爱的安小！

【《永远在一起》】

【学生朗诵结束后，音乐转场，衔接《毕业典礼》教师讲述中间的屏幕文案】

岁月模糊了回忆的轮廓，但不会尘封我们的欢乐。

时光雕刻了理想的弧度，但不曾磨平我们的奋勇。

六年，不是终点，

未来的蓝图正在我们眼前展开。

我们还会陪伴安小十年、三十年、七十年，

甚至是百年，

我们永远在一起！

女教师：从跨入学校的那一刻起，你们就走进了一所历史悠久的学校，"安礼明德、乐学笃行"是我们的校训，刚入学那会儿，我们在启程阶段，走进七彩时空，学习言行得体，协商互让。中年级的时候，老师教你们知行合一，培养七彩品质，你们开始理解什么叫诚实守信，什么叫自律自强。到高年级的时候，我们开始筑牢七彩理想，践行勇于担当，我们开始真正地去理解尊重，感恩。真可谓路漫漫而修远，但安小六年却能影响一生，未来的路的确好漫长好漫长，你们还会遇到特别多的困难、诱惑，甚至挑战。但我坚信，你们一定会从小拥有抱负理想，无论未来怎样，方向坚定，自信阳光走向美好未来的精彩人生！

十四、建校70周年祝福短片VCR

十五、歌曲《再一次出发》

当年的海风掀开厚重的面纱
梦和初心的队伍从脚下开拔
一条长路越走越宽阔
希望的田野开满了鲜花
古老的大地丛生崭新的神话
诗和远方的目标还没有到达
千秋大业越来越壮丽
春天的故事传遍了天涯
新时代的号角中再一次出发
歌声和汗水一路挥洒
中国梦的旗帜下再一次出发
追梦的人们雄姿英发
满载千年宏愿再一次出发
当年的海风掀开厚重的面纱
梦和初心的队伍从脚下开拔
一条长路越走越宽阔
希望的田野开满了鲜花
古老的大地丛生崭新的神话
诗和远方的目标还没有到达
千秋大业越来越壮丽
春天的故事传遍了天涯
新时代的号角中再一次出发
歌声和汗水一路挥洒
中国梦的旗帜下再一次出发
追梦的人们雄姿英发
新时代的号角中再一次出发

歌声和汗水一路挥洒

中国梦的旗帜下再一次出发

追梦的人们雄姿英发

迎着万里长风再一次出发

【节目第二段，屏幕出"学校十四五规划"关键内容文案】

坚持"全面发展，个性阳光"理念，

以法治校，以人为本，

科研兴校，文化强校。

实施素质教育、深化课程改革，

明晰个性教育理念，系统推进教育实践，

不断提高教学质量，素质观念与时俱进。

以教师为本、以能为本、以德为本、以情为本。

【歌曲后无缝衔接下一个节目】

十六、朗诵《70年安小，100年安小》

【石头爷爷步履蹒跚地从舞台台阶走下，2位年轻老师迎上去搀扶着，老爷爷感慨万千，激动的抒发着自己的情感。】

石头爷爷：大家好啊！我是你们的石头爷爷，今天我回到母校，感慨万分！终于来到70年前蔡老师描绘的宫殿学校了。我老了，但我们的安乐小学还年轻啊！以后每年，我还要回来再看看。这里汇聚了一颗又一颗，把青春奉献给教育的初心！今天，我能来参加这次的晚会，太感慨了，看着这美丽的校园，比起从前，有了翻天覆地的变化，太好了，我太高兴了！我亲爱的安小，生日快乐！生日快乐！

教师2：七十年安小，我们是全面发展、个性成长最坚定的践行者。

教师1：七十年安小，我们是新思想新课程新改革的探行者。

教师2：七十年安小，我们扬长避短、向阳而生。

教师1：七十年安小，我们向着一流湾区教育的目标，驰而不息的奋进。

石头爷爷：你们可知道，再过三十年，那是安小的百年诞辰啊！

教师2：是啊，当我们再相约时，新时代的安乐人，一定会站在历史与未来的焦点，在中华民族伟大复兴的征程上激荡飞扬，在少年强则国强的中国梦中开拓进取！

石头爷爷：是你们，是你们年轻的脊梁撑起七十年的梦想！

教师1：我们从安乐石走来，在心愿树和感恩树的见证下——

齐：

尊重个性、勇于创新的精神始终如一！

自强自信、科技强国的情怀始终如一!

教师2:"安礼明德、乐学笃行"的校训始终铭记在每一个安乐人的心中。

教师1:个性教育办学的思考与实践,引领安乐人奋进一流湾区教育征程。

石头爷爷:今天,在这个性之花盛开的夜晚,让我们一起相约百年,再创安小辉煌,见证安小百年。

【全体教师齐诵】

相约百年,再创安小辉煌,见证安小百年。

【《70年安小,100年安小》屏幕出主题文案】

尊重个性、勇于创新的精神始终如一

自强自信、科技强国的情怀始终如一

相约百年,再创安小辉煌,见证安小百年

十七、尾声:校歌《七色童年我做主》

【《70年安小,100年安小》,学校在职教师串词】

男:梦想是一首永不言败的歌。

女:梦想是一条永不停息的河。

男:今夜,月光如织,扯不断我们的初心。

女:今夜,月华如歌,鸣奏出梦想的力量。

男:亲爱的安小,生日快乐!(全体互动齐说:生日快乐!)

女:亲爱的安小,我们爱您!(全体互动齐说:我们爱您!)

【主屏幕出主题字:祝愿安小的明天更加美好!】

男:伴着我们的欢声笑语,在这素质教育成果丰收的日子里,愿明天更辉煌。

女:伴着我们的安小校歌,在这个性教育硕果累累的夜晚里,望明天更精彩。

男:尊敬的各位领导、来宾及现场各位亲爱的朋友们,宝安区中小学艺术百校展演暨安乐小学建校70周年主题晚会到此结束。谢谢各位领导、来宾、家长、师生的到来和参与!

合:朋友们,再见!

男:有请各位领导与来宾朋友们上台与我们的演员合影留念!

第五章　学校美育文化生态建设成果与发展愿景

第一节　学校美育文化生态建设成果

安乐小学以"七彩舞台"为阵地构筑学校美育文化生态，基于"人人都出彩"的价值取向，从理念、内容、模型、实施和评价等方面探索了以美育为枢纽促进学生综合素养提升，从而推进原村小转型升级为深圳教育先行示范区，创新了人才培养的新范式。

一、促进学生全面发展

"七彩舞台"寓意这个舞台拥有"七彩斑斓"之美，也象征学生拥有独特个性之美。每个学生在这个舞台演绎"七色童年"，促进学生全面发展。

（一）发展学生个性美

课程实施推动了学校美育工作建设，提升了学生的审美素养，促进了学生的个性成长。2019年，学校四年级艺术国测，"绘画创作与表达能力"高居宝安区第一名，平均分高于全省80分、区70分。培养了罗鑫等一批国家级国际象棋棋协大师，刘婧妍等一批学生的小发明获得了国家知识产权局的专利证书。学生管乐团、舞蹈团屡获国家、省、市金奖，其中管乐团还荣获"新加坡国际管乐节"小学组银奖、全国非职业优秀管乐比赛金奖，舞蹈团荣获"和谐春晚"全国青少年才艺电视大赛最高"国星奖"。合唱团是宝安区第一个荣获深圳市合唱节比赛"三连冠"的团队。学校获评深圳市"阳光体育标兵学校"，被誉为"宝安区小学素质教育的一面旗帜"。

课程理念深入人心，以美育人成为师生行动自觉，"积极、健康、自信、阳光"成为个性美的标准,培养积极个性、消除不良个性,培育了学生崇真尚美、博爱开放、团结协作、乐观进取、宽容公正、锐意创新等个性。一次次展演,学生个性特长得到了完善与发展,舞台上,节目表演让性格内向的学生变得学会合作、自信阳光;课堂上,学生变得更加敢于表达个性化的看法,积极提出更有创意的建议。学生们发生巨大变化,让人赞叹不已。

四年级的欣瑶同学说:"'七彩舞台'让我们学到了课本以外的知识,学会了沟通与合作,增强了集体荣誉感,让我们个性飞扬!"姜威妈妈夸赞孩子的变化:"自从参加了'七彩舞台'活动,胆小自卑的他变得勇敢、自信!"办学水平评估专家观看"每班一台戏"演出后坦言不敢相信这是二年级一个班的艺术水准,询问台下小演员现场确认,特别是看完脑瘫的小陈同学在妈妈的搀扶下走向舞台演唱的情景后,发表微博评论说:"不放弃任何一个学生,小陈同学天使般甜美的歌声直抵我心底最柔软的地方……"

(二)提升学生创新美的能力

学生以创新为美、创新为荣的创新意识明显增强,个性表现力、创造力和创新能力,以及创新思维习惯已经养成,创新素养得到了极大的提高。近五年,学校学生在科学学科各类竞赛屡屡获奖,取得国家省市区级各类奖项达396人次,其中,国家级16人次、市级比赛获奖189人次、区级比赛获奖199人次。刘婧妍、徐好、刘盛文等一批学生的小发明获得了国家知识产权局的专利证书。

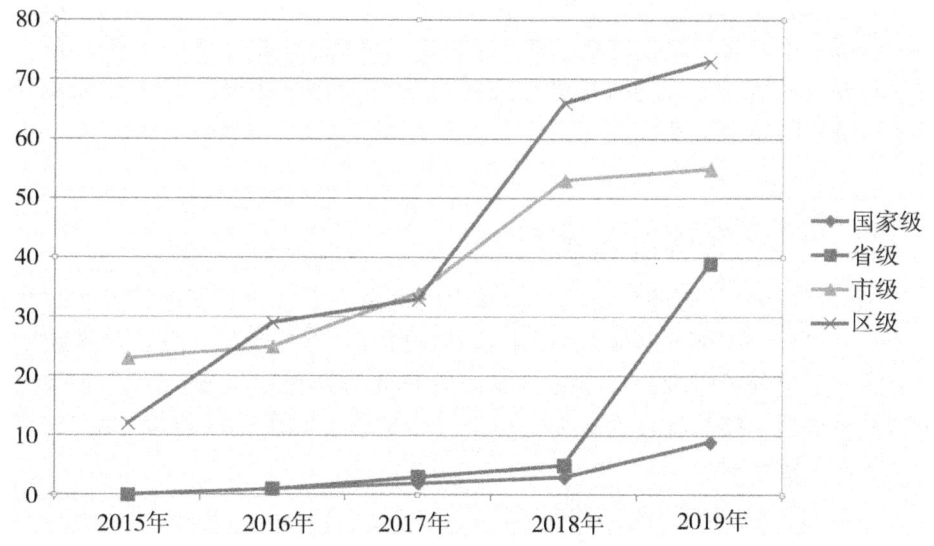

图5-1　学生科技创新获奖曲线

（三）有效提升学生学业水平

以美促智成效明显，学生综合素养高质量发展，学业水平稳步提升。2019年四年级参加国测，语文学业水平优良率为83.6%，高于国家省市平均水平。近几年来，学校教学质量位居宝安区小学优秀学校，尤其是学生的创新能力极大提升，科学学科连续两年教学水平质量调研成绩位居全区前三名的领先位置。

二、加速教师专业成长

（一）一线教师专业成长

"七彩舞台"课程的开发建设，教科研氛围日益浓厚，课题研究蓬勃发展，科研水平不断提高。仅2019年学校就有6个区级课题立项，远高于全区平均2个立项的水平。近几年学校有省市区级立项或结题课题共20项，袁丹、白灵等一批老师的论文、教学设计在多个省级刊物发表。学校区级高层次人才等名师由1人上升到5人，区级骨干教师剧增20多人。

（二）项目主持人专业成长

学校项目主持人曾荣获广东省优秀辅导员，是宝安区名校长、高层次人才，成立了宝安区赖香恒名校长工作室。主持立项研究或结题的省市区级课题有5个，个性教育系列课题获宝安区好课题一等奖，《培养个性化创新人才的小学综合活动校本课程实践研究》获省级强师课题立项。《以美育人，培养个性化创新人才》等6篇论文在《教育观察》《教师》《中小学班主任》等多个期刊发表，主编的《轻轻松松教作文》教学设计和《逐浪》教职工征文集被经济出版社结集出版发行。

三、促进学校特色发展

"七彩舞台"课程建设推动了学校内涵发展，学校先后获评宝安区教育系统第一个"全国巾帼文明岗"，广东省书香校园、绿色学校、现代教育技术实验学校，还荣获了深圳市办学效益奖、教育先进单位等荣誉。2012年赖校长在第十届全国学校品牌管理高级论坛作"个性教育品牌建设经验介绍"，受到与会专家一致好评。

第五章　学校美育文化生态建设成果与发展愿景

第二节　学校美育文化生态建设的社会评价

"七彩舞台"美育活动课程的实施扩大了学校影响力，引起教育同行高度关注，北京、浙江、香港和马来西亚等地学校纷纷前来参观学习，成为深圳市校长资格班和惠州市行政干部培训班考察学习的指定内容，每年约有几十所近千人前来学习取经，展示活动日益频繁。2012年建安小学作为宝安区小学的唯一代表，承办了深圳市深化中小学课改基层创新工作（宝安区）现场会，向全市展示了"个性教育"办学特色。深圳市教育局范坤副局长评价说："个性教育办学实践为新课改走出了独特路径，特别是'每班一台戏'为全体学生个性成长搭建了宽广的舞台。"2014、2015年，建安小学承办了"深圳市中小学生综合素养展示活动"和"走进身边好学校的活动"。

一、广受专家赞誉

"七彩舞台"课程获中国教育学会课程专家宋乃庆教授高度评价："'七彩舞台'美育活动课程为落实新时代学校美育工作提供了案例，值得学习推广。"

广东省关工委主任方苞在视察建安小学时评价说："'每班一台戏'让每个孩子得到全面发展，这个举措功德无量！"

广东省教育研究院教育评估室副主任许世红博士高度评价："'七彩舞台'是实现教育公平的好举措，安乐的孩子很幸福！"

深圳市教育科学研究院宾华副院长评价说："在建安小学看到了挖掘家长资源落实教育均衡、坚持共性与个性并举提升学生综合素养的独特样本。"

二、深获家长好评

家长普遍认为："七彩舞台"是一个人人获得机会的舞台，一个都不落下；这是一个人人比赢的舞台，拿手好戏展个性，赢得掌声建立自信就是赢；这是一个合作创新的舞台；这是一个永远没有审美疲劳的舞台，家长是最忠实的永不落幕的观众。

（一）"七彩舞台"的家长观后感

给我一个舞台，还你一片精彩
——五年（4）班"七彩舞台"文艺演出家长观后感

安乐小学五年（4）班有这样的一群少年，他们天真烂漫，朝气蓬勃，憧憬未来，胸怀梦想！他们梦想着"飞上天，和太阳肩并肩，世界等着我去改变！想做的梦，从不怕别人看见，在这里，都能实现！"

今年安乐小学开展主题为"七彩舞台"才艺表演系列活动，为孩子们搭起七彩舞台。这是属于每一个孩子的舞台，在这舞台上每一个孩子都是一个小明星。在舞台上每个孩子都可尽情展示才艺，展示阳光自信，展示童真童趣，体验不一样的精彩。

在老师和家委的精心策划和组织及所有家长的大力支持下，孩子们经过一个多月的辛勤排练，一场精彩纷呈的文艺汇演于2017年11月30日在安乐小学的学校剧场隆重上演。孩子们的表演形式多样，有经典诵读、唱歌、跳舞、乐器表演、魔术表演和京剧表演等。他们的口号是"七彩舞台，舞动童心，放飞梦想，成就未来！"

此时此刻，孩子们都铆足劲儿，信心爆棚！站在舞台中央他们大胆地喊出来："给我一个舞台，还你一片精彩！"

请大家再次回味孩子们节目表演的精彩瞬间——

4个节目主持人，精神抖擞，神采飞扬！他们说，"给我一个舞台，还你一份精彩！"站在舞台中央，他们就是舞台上最闪亮的小明星！

一群天真烂漫的书童演出《国学诵读·弟子规》，在他们抑扬顿挫的琅琅书声中，仿佛让我们穿越千年，去品读孔孟圣贤的道德启蒙，"童蒙养正，百善皆开！"国学经典可以陶冶孩子们的情操，潜移默化，让孩子们养成良好的生活习惯，培养敦厚善良的心性。

小提琴的表演动作娴熟，优美动听！小女孩在用一种方式来表达："孩子们除了学习，还有许多丰富多彩的课余生活。"正如有诗人所说：我们的生活不止苟且，还有诗歌和远方。只要你肯付出，勤学苦练，你也可能成为一个多才多艺的少年！

葫芦丝的表演是两位冰雪聪明的美少女，她们用葫芦丝倾情演绎一曲《清清玉湖水》，那美妙如天籁般的音乐陶醉了我们，征服了我们。"你若盛开，蝴蝶自来，你若精彩，天自安排！"她们的精彩表演收获了最多的掌声，

第五章　学校美育文化生态建设成果与发展愿景

那是她们获得的最好的鼓励和最高的赞誉!

古希腊物理学家阿基米德曾说过:"给我一个支点,我可以撬起整个地球!"五年(4)班的孩子却自豪地说:"给我一个舞台,我要搅动整个世界!"《我的天》和《逆战》的激情表演十分震撼人心!劲爆的音乐,炫酷的舞姿,酣畅淋漓的击鼓动作,震撼现场的每一位观众。如果说整场演出是一首欢快的乐曲,那么他们精彩的激情表演就是这首曲子上的最高音符!

"赤橙黄绿青蓝紫,谁持彩练当空舞"!在《我相信》和《星奇舞》两个现代舞的表演节目中,五年(4)班的一群活力少年,劲歌劲舞,舞出少年的风采,尽情地绽放了他们的才艺。一分耕耘一分收获,为了这次演出,他们辛勤地排练和付出,也收获了狂热的掌声和赞誉!

3位小魔术师精彩亮相,也许他们的技术手法不那么娴熟,尽管有几许青涩和幼稚,但也遮不住少年的自信和勇敢。他们在舞台上沉着冷静,巧妙变换每一个动作。小魔术师不仅给大家带来魔术的神奇,也给大家带来好吃的食物,表演充满童真、童趣和魔幻!

京剧表演的同学很有艺术范儿,一举一动,一笑一颦,完全是行家风范。小演员的表演字正腔圆、活灵活现、惟妙惟肖,用精湛的表演让我们品味到韵味敦厚的国粹艺术。

本次演出压轴大戏是《让爱住我家》,由班主任老师亲自编写歌词和编导的节目。"我爱我的家,老师同学你我他,学校是我家,老师就像妈妈。我爱我的家,快乐是我的全部,爱就是付出,不计任何代价。让爱天天住我家,不分日夜秋冬春夏,全心全意爱我们的家。""让爱天天住我家"唱出了五年(4)班每一个孩子的共同心声!孩子们的快乐成长不仅有父母的爱、老师的爱,还有同学们的爱。让爱永驻五年(4)班,是他们共同的心愿!

"七彩舞台"不仅是孩子的,也是家长的。孩子们的快乐成长少不了亲情的呵护和陪伴。为了孩子们这次文艺汇演,家长们也付出很多,整个活动的演出策划、组织、节目编排、舞台音乐背景、音频视频等制作,都凝聚着每一位家长的智慧和汗水。孩子们的表现在台前,家长的表现在幕后,台上台下都一样获得掌声,都一样精彩!

孩子们的演出十分成功!感谢他们,祝福他们!也感谢学校给他们提供这样的舞台和机会。学校领导和老师们在繁忙的工作中挤出宝贵的时间莅临现场观看孩子们的演出,给孩子们带来掌声和鼓励,对整场演出给予了高度的评价和赞誉。

"好风凭借力,送我上青云",这是一次特别有意义的演出活动,让孩子们收获了更多的掌声和自信!孩子们朝气蓬勃、信心百倍,我们家长应该给予他们最好的祝福和殷切的期待,祝愿他们昂起灿烂的笑脸,扬起理想的风帆,去迎接更加美好的未来!

观《与国同庆,悦动未来》有感
——四年(5)班"七彩舞台"文艺演出家长观后感

  2019年是中华人民共和国建国70周年,70年披荆斩棘,70年风雨兼程,新中国取得了举世瞩目的成就,民族独立、国家富强。在这值得欢庆的年份里,安乐小学四年(5)班同学以及家长欢聚在我校"七彩舞台"载歌载舞——《与国同庆,悦动未来》。孩子们用精彩的节目为祖国母亲献上他们的祝福,共同祝贺我们伟大的祖国!

  为了这一次演出,班里的老师和家长们早就做了充分的准备,孩子们也经过了多次的排练。看得出他们非常重视这一次的演出。

  伴随着欢快的音乐,陈君浩同学的《这就是STAR》拉开了这次汇演的帷幕。

  接着是歌曲《学猫叫》,全程演绎的是可爱风,随着歌词"我们一起学猫叫一起喵喵喵喵喵"响起,台下的同学们都听入了魔,大家一起喵喵喵,孩子们真的很开心,很有童年的感觉!唱完后,剧场里顿时响起了雷鸣般的掌声,这是比烟花爆竹还要响十倍的掌声!

  紧接着,在主持人的引导下,孩子们的各种节目轮番上阵,有精彩的合唱,有快乐的舞蹈,有充满霸气的跆拳道……

  不得不提的是范自轩等同学表演的魔术。3位魔术师别出心裁的服装让人耳目一新,整个魔术配乐采用惯有的带有魔术神秘色彩的强节奏配乐,表演者的肢体语言丰富,并很好地与台下进行互动交流,以带动台下气氛,使台上台下不至于产生分离。整个表演灯光以暗色调为主,更加神秘,魔术感更强。道具虽多,孩子们却不显凌乱和复杂。这个精彩的节目表演再次迎来了台下师生及家长们阵阵雷鸣般的掌声。

  孩子们用精彩的节目演绎活泼可爱的好时光,用动情的表演诠释追赶跨越的好年景。最让人难忘记的四年(5)班家委代表和孩子们合演的小品《安全大讲坛》,小品很贴近生活,取材于现实,不仅有笑点,也有很强的教育作用,让孩子谨记安全是件大事。家长和孩子们真切朴实的表演将"七彩舞台"的气氛不断推向高潮。

  伴着动听的旋律,四年(5)班全体同学一起唱响了《牧羊女》。最后孩子们在庄严的《义勇军进行曲》歌声中结束了整场演出。庄严的国歌声把台下的观众都给感染了,一起唱响了国歌,同学们都向国旗敬礼!台下的观众也全体起立共唱国歌。相信此时的歌声会使人们为自己是中华人民共和国的一员而无比自豪。

整台晚会极具震撼力,引起观众强烈共鸣,现场不时响起热烈的掌声。此次演出无论是从节目质量、节目形式还是从自我创新上讲,水平都很高,表达了同学们对艺术的热爱和对美的追求。观看演出的师生以及家长们纷纷表示,晚会节目精彩的同时也寓意深刻,感染人、教育人、启发人,是一次难得的心灵洗礼,希望以后多组织这样的艺术活动,让孩子们歌唱我们的祖国,悦动未来美好人生!

(二)"七彩舞台"家长评价

"这是一个人人获得机会的舞台,一个都不落下;这是一个以拿手好戏展个性、赢得掌声建自信的舞台;这是一个合作创新的舞台;这是一个没有审美疲劳的舞台,家长是永远忠实的观众。"家长的评价是对"七彩舞台"的至高褒奖。

徐浩宸爸爸——

"七彩舞台",让每一个安乐小学的学生,都有了展示自己才艺的舞台,为每一位安乐小学的家长,打开了参与孩子成长的校门。孩子们展示的是特长,得到的是满满的自信心;家长们参与的是节目,收获的是浓浓的亲子情。

彭思齐妈妈——

孩子,在七彩阳光的舞台上的你们多才多艺、灿烂夺目!精彩的背后有你们刻苦的排练,更有老师和爸爸妈妈们辛劳的付出!为了你们的健康成长,老师和爸爸妈妈们为你们托起一个又一个精彩的舞台,任你们自由飞翔!愿你们在成长路上学会感恩,感恩老师,感恩父母,感恩所有帮助过你们的人!

林萱妈妈——

看到每个孩子都那么认真的表演,真的很感动。虽然表演时间短暂,但留给孩子家长们的美好记忆却是永久的。生活在这有爱的大家庭,真替孩子们感到开心和幸福。

曾志鑫妈妈——

感谢学校的老师给予孩子们这么好的舞台!让每个孩子都有机会展示出自己迷人的一面,更让孩子们学会每一次表演需要团体努力才能成功!也融进了我们家长对孩子的爱和希望!感恩!

黄德安妈妈——

看到了家长和孩子们的表演,你们的表演让我大开眼界也让我感动!二年

(6)班的家长和孩子们你们是最棒的！表演取得圆满成功也离不开老师、家长们、孩子们的辛勤付出，你们辛苦啦！

尧子彤妈妈——

我认为这次"七彩舞台"演出非常成功，给了同学们人人上台表现自我的机会，娱乐了同学们的生活，同时又展现了我们学校学生的精神面貌！最后的大合唱更是整场演出的亮点，当孩子们一个个在舞台上翩翩起舞，听着他们动听又稚嫩的歌声，我的心中涌起一股股暖流。作为一位母亲，能看到自己的孩子和她的伙伴们一同成长，心中感激之情无以言表，感谢安乐小学的领导给孩子们提供这样一个舞台；感谢给予孩子们知识与才能的黄老师和欧老师；感谢各位家长的辛苦付出！

罗钰婷妈妈——

看着孩子们的张张笑脸，我也感受到了孩子们的快乐和幸福，这些都是学校与老师所给予的，是你们让学生和家长感受到学校的和谐，学校和家长之间的和睦。谢谢你们给了孩子们这个舞台！感谢你们对孩子的教育和关怀！虽然演出时间短暂，但是让人回味无穷！

魏嘉豪妈妈——

准备了许久，期待了许久，二年（6）班的"七彩舞台"终于在剧场上演了，天气也很作美，没有前几天的严寒。这是一场丰盛的大餐，感谢带给我们喜悦的孩子们，更多的是要感谢在幕后付出汗水的家长和老师们。

黄钰晶妈妈——

感谢老师和孩子们为我们精心组织了一场美好而精彩的文艺汇演。音乐里散发着一片喜气洋洋，炫目的灯光映射在家长和孩子们喜悦的脸庞，每一个孩子盛装出席，一张张笑脸充满了幸福和快乐。

邓茹欢妈妈——

小主持人，口齿伶俐，有条不紊地主持着节目，那股认真的劲头和张扬的表现力，使得这场"七彩舞台"进行得很顺利。在这一天里，相信每个孩子都是快乐的。台上几分钟的时间，每个孩子都表现得很自信，从节目的构思到排练，从彩排到舞台设计，从服装挑选到演出化妆，无不是家长和孩子们在不停地忙碌。节目过程中，望着台上那可爱的孩子们精彩的表演，心里充满了感动。

张煜钊爸爸——

作为父母能够看见自己的孩子在老师们的辛勤培育下，成长得如此出色，看着孩子们的表现，我们心里是非常激动的。谢谢老师们的辛苦付出。

张淏锴爸爸——

"七彩舞台"开展得非常成功,这一切的一切都显示着二年(6)班优秀的精神风貌,让人心生欣慰。

李政锴妈妈——

有了第一次准备"七彩舞台"的经验,这一次家长们组织起来就变得更加得心应手。在筹备过程中,孩子们利用放学时间训练,锻炼了坚强的意志力。家长们也收获了与孩子一起成长的机会!

陈紫涵爸爸——

每一次参与孩子的活动,都是一次参与孩子成长的机会,感谢学校为孩子们提供这样的一个机会和舞台。过程虽然辛苦,但是看到孩子们在舞台上表演,一个字,值!

胡偌晗妈妈——

很荣幸孩子能在班级演出中承担小主持人的工作,并且孩子在这个过程中出色完成了!过程虽然艰辛,但是有付出必有收获!

三、教师由衷认同

作为"七彩舞台"活动课程的实施者,虽然对教师的审美素养提出了更高的要求,但是看到学生的成长,教师为自己的付出感到由衷的认同。

"七彩舞台"之花幸福绽放
安乐小学教师　李仰燕

为全面落实素质教育、丰富学生的校园生活,我校开展了"七彩舞台"活动,为学生搭建了展示自我的平台,活动得到了校领导、老师、学生、家长的大力支持,从整体来看活动效果是很成功的,达到了预期的目的。

一、"七彩舞台"是学生多样化成长的舞台

学校"七彩舞台"秉承"让每个孩子都有成长点"的理念,给学生展示的舞台,以"班班一台戏,人人参与"的方式组织活动,引导学生们积极参与班级各项活动的策划和组织,打造出自我表演、自我展示、自我娱乐、自我服务的梦想舞台。学生在活动中获得快乐,培养了能力,"七彩舞台"真正成为一个个学生展现自我、张扬个性的舞台。

"每班一台戏"节目形式灵活多样,以鲜明的、适合儿童成长发展的综合实践课程,挖掘少年儿童的个性才华,为孩子提供展示自我的平台。

二、"七彩舞台"为学生多样化成长提供动力在五年（4）班学生参与的"七彩舞台"活动中，学生们自己策划属于他们自己的舞台，节目由学生自己来选择。班主任基于学生成长的需要进行了调查问卷，根据学生建议，班主任、家委和学生干部进行了深度探讨，决定由学生自己策划舞台、自己制作邀请函、自己挑选节目，充分尊重孩子的意愿，制订了切实可行的活动方案。整台节目班主任和其他老师们坐在台下观看节目，学生节目精彩纷呈，有古典诵读、唱歌、跳舞、乐器表演、魔术表演和京剧表演等等。学生在台上井然有序，节目博得台下阵阵掌声。我们看到了"七彩舞台"给学生带来的真实的影响，看到了班级活动真实的创生。我们相信，以真实的实践培养学生的策划能力和组织能力，是能够更好地实现"在成事中成人"这一目标的。

值得一提的是，无论是小演员们的表现，还是整个演出的安排，以及邀请函的设计、会场的布置、家长义工的分工等，各环节都让人拍手叫好，深深为孩子和家长的认真、创新而感动，真正体现了赖香恒校长提出的"个性发展，快乐成长"的办学理念，这是为孩子们打造的独特的梦想舞台。

三、"七彩舞台"实现了家长多样化资源的开发

"七彩舞台"不仅是孩子的，也是家长的。孩子们的快乐成长少不了亲情的呵护和陪伴。为了孩子们这次文艺汇演，家长们也付出很多，从整个活动的演出策划组织，节目编排、化妆、候场、舞台音乐背景、灯光、音频视频，等等工作都由家长们担当，凝聚着每一位家长的智慧和汗水。孩子们的表现在台前，家长的表现在幕后，台上台下都一样获得掌声，都一样精彩！

这个舞台由老师、学生和家长共同完成，不仅每一个孩子有机会走上舞台，连老师和家长们都在节目中展现风采。五（1）中队的家长，深情演绎诗朗诵《宝贝，我想对你说》，道出了父母对孩子伟大而无私的爱；四（1）中队老师和妈妈们的旗袍秀惊艳了全场！活动结束后，家长们纷纷在微信中写下了自己的活动感想，制作美篇。当我们采访家长时，五年（4）班的符子泰爸爸说："这里是每一个孩子精彩绽放的舞台，在我眼里，孩子们个个都是了不起的主角，个个都是成功的！"麦创熙妈妈含着热泪说："我们家麦创熙平时比较内向，是'七彩舞台'给了他展示魔术的兴趣爱好，也让他在这个舞台上大胆地表达，自信地展示自己，我为儿子自豪！"

家长群里蕴含着丰富的教育资源，让家长参与到"七彩舞台"的主题活动中来，成为活动的支持者、参与者与创造者，让家长也成为教育孩子、锻炼孩子、促进孩子主动创造性发展的一分子，让"七彩舞台"之花在安乐小学幸福绽放。

四、相关媒体报道

安乐小学的"七彩舞台"活动课程因其独树一帜的特色与成效,被《中国教育报》《人民教育》《广东教育》等多家媒体进行了深度报道。

追梦·造梦·圆梦
——深圳市宝安区安乐小学"七彩舞台"校本课程探索与实践纪实

在琼宇林立、车流如织的深圳,一所美丽的小学校园里,读书声、歌舞声此起彼伏。在这里,不管是教师还是学生,甚至频频出现的家长们,脸上都洋溢着幸福和欢乐。这里,就是深圳市宝安区安乐小学,让所有人笑容绽放的,就是正在安乐小学如火如荼开展的"七彩舞台"课程。

一、做敢于创新的追梦者

"一纲一本"的教育体制让素质教育的推进举步维艰。随着国家经济的发展、人民生活水平的提升,传统的教育模式逐渐受到了质疑和挑战,国家启动素质教育工程,推进课程管理体制改革,鼓励学校创新育人模式,开发适合学生个性化发展的特色课程。学校自我改革,犹如小鸡破壳而生,从内部打破坚硬的惯性外壳是一个艰难的过程。当所有学校都在苦思改革之道时,赖香恒校长早在2001年提出的"每班一台戏"班级课外活动在国内外引起热烈反响,来自北京、浙江、香港以及马来西亚的教育工作者纷纷前来参观学习。

赖香恒校长从建安小学调任安乐小学后,便开始对"每班一台戏"进行优化升级,创造性地提出"全面+个性"育人模式的"七彩舞台"校本课程建设构想,旨在解决长期困扰基础教育的"重共性、轻个性"这一突出矛盾,探索多元协同培养个性化创新人才综合活动课程建设的新路径。从特色活动到特色课程、艺术素养到综合素养、有一特长到个性阳光、家校合作到家校共育+全学科整合,"七彩舞台"是建安小学"每班一台戏"和安乐小学"闪亮十五分"的传承和发展。学校特别制定了《七彩舞台课程纲要》,组织班主任教师和家长义工编写了《七彩舞台》3个系列教材,更加系统科学地落实了立德树人的根本任务,实现培养全面而有个性的新时代阳光少年的课程育人目标。

在追逐素质教育梦想的路上,安乐小学迈出了追梦的第一步。

二、做坚持不懈的造梦者

"七彩舞台"校本课程在课程优化变革方面作出如下探索:

一是提出面向人人充分培养良好个性的课程建设理念。作为一门综合型、实践性的活动形态校本课程，以"面向人人、以美育人、个性阳光"为理念，以培养"全面发展个性阳光的新时代少年"为目标，以"师生协同、学科协同、家校协同"为多元协同方式，以"每班一台戏"舞台艺术展演为组织形式，每学年中每个班级的每个学生都参与至少一次个性特长展示。从课程理念、目标、内容、实施、评价等课程要素进行优化变革，解决小学阶段舞台艺术展示机会不均等、艺术教育资源匮乏、学科整合单一、个性发展不充分等现实问题。

二是全学科整合的舞台艺术课程实施全面提升学生综合素养。课程几乎涵盖了小学所有学科，从"整台戏"的节目内容看是全学科的整合，连体育、游戏等学科都搬上了舞台，从"课本剧"等单个节目来看，综合运用了音乐、美术、文学、舞台创编、信息等多学科的知识。本课程围绕"七彩舞台"的策划编导、活动组织和艺术表现3项知识技能为主要学习内容展开，分低、中、高3个学段，即低年段"点燃七彩激情"，感性认识了解"七彩舞台"的形式和内容；中年段"丰盈七彩智慧"，探索性学习节目的编排、舞台的整体组织实施；高年段"放飞七彩梦想"，自主策划、创编、组织实施。教学活动以班级为单位利用综合实践课或课余时间展开，坚持"学生自主、教师主导"的原则，学生通过系统、反复地学习以及多种艺术形式的实践体验，提升了学生的综合素养和审美能力。

三是探索家校合作融入课程建设领域的独特路径。把家长纳入校本课程建设的队伍中，极大地丰富了课程资源，在每个学生身后都有一群优秀的家长，少则几人多则十几人，一个班就有好几百人，各行各业各有所长，成为指导学生开展"七彩舞台"活动的重要力量。

"七彩舞台"课程的成功，是素质教育探索的成功。它给了所有参与的学生、教师和家长一个实现教育梦想的机会。安乐小学在创造素质教育梦想舞台的路上，坚持不懈。

三、做永不停歇的圆梦者

6年来，"七彩舞台"共计举办100多场，每场约一小时，每学年近2000名学生和一万多名家长参加，充分挖掘了家长、社区资源，家长参与面广，参与积极性高涨，家、校、社区三者形成合力，取得了良好的育人效果。在此活动实践中，每个学生都获得了展示特长的机会，"七彩舞台"培养了学生五彩缤纷的独特个性，安乐学子更加乐学笃行、自信阳光。

"这是一个人人获得机会的舞台，一个都不落下；这是一个以拿手好戏展个性、赢得掌声建自信的舞台；这是一个合作创新的舞台；这是一个没有审美疲劳的舞台,家长是永远忠实的观众。"家长的评价是对"七彩舞台"的至高褒奖。

"七彩舞台"不仅圆了学生的个性成长梦,也圆了教师的素质教育梦,更圆了家长的亲子和谐梦。

"七彩舞台",是安乐小学勇敢逐梦、坚持创新的成果,它给所有参与者创造了一个素质教育的舞台,圆了每个人的成长梦;随着这项活动向更大范围、更多学校的逐步推广,必将有更多的人在追逐梦想和实现梦想的路上,借助"七彩"的翅膀,越飞越高。

金英

载《中国教育报》2020年2月28日第7版

七十载创新求变育人无痕　草房子初心致远满庭芬芳
——安乐小学建校70周年办学成果展暨"初心·致远"主题晚会侧记

一座草房子,小到只能容纳七八个孩子,70年来,为什么无法从安乐人民的记忆中抹去?只因这座草房子,是你家割来茅草、他家砍来竹子合力建成的,从此安乐的娃儿有书读了,草房子开始孕育希望⋯⋯

十年树木,百年树人。70年来,安乐小学昂首前行,"立德树人,全面发展"的育人初心一直未改,任凭风吹雨打,步伐更坚定;人事更替,"个性办学、阳光成长"的奋斗目标赓续始终,不断改革创新,让质量更过硬。

20日晚,各届校友与安乐居民齐聚安乐小学校园,含泪观看建校70周年"初心·致远"主题晚会,安乐小学师生以唯美童话情景剧的独特形式,精彩演绎安乐小学办学70年的开拓史、拼搏史与创新史,尽情展示渔村教育城市化、城市教育优质化、优质教育品牌化所带来的累累硕果。聚光灯下,歌舞、快板、管乐、合唱、小发明展示、无人机表演,组成一道道耀眼的风景线。

关键词A

七秩芳华

从一间草棚到有2000名师生的现代化学校

1951年,安乐村以一间草棚、一名老师、七八名学生的学堂雏形,结束村里没有学校的历史。

霍维新,是这所简陋的草棚学校首批入学就读一年级的新生。1957年,他成为全村唯一考入南头中学的"文化人",1960年初中毕业考入宝安师范,又成为全村唯一的中师生⋯⋯

19日晚，霍维新受邀参加安乐小学建校70周年办学成果展。该校师生表演的情景剧，瞬间将他"拉回"过去，"安乐小学的前身，其实就是一间大草棚，台风一来就被掀掉，台风过后又得继续往房顶上苫草。"

此后，学校按需推行一室一师多班级的复式教学，直到1970年政府部门拨款4500元，异地新建土木结构石墙瓦房教学楼，告别草棚时代。20年后，安乐村委又筹资改建成混凝土结构的两层楼房。

改革开放后，大量外来人口涌入，来深建设者子女占了较大比重，安乐小学进一步推进普惠教育，向外来务工子女敞开大门，办学规模也逐步扩大，学生人数增至300余名，共有6个年级，实现一级一班的教学组织模式。

安乐社区原书记周荣就，是安乐人尽皆知的杰出校友，他的子女也都在安乐小学读书，可谓代代传承。他高中毕业后曾回母校担任代课教师，后来成为安乐的致富带头人和村书记兼安乐股份公司董事长。

"在安乐小学就读时，我就曾作为宝安县第一个学生代表，参加宝安县首届先进个人表彰大会，获得'红花少年'荣誉称号。"担任安乐股份公司董事长后，周荣就说服村民，共同反哺教育建设，"安乐村拨款1000多万元，于1993年8月在现址分期建成教学楼和48套教工宿舍，办学规模迅速扩大至24个教学班。"

2016年，区政府又斥资改扩建了一栋教学楼，办学规模逐步增至36个再到40个教学班，同时对旧教学楼立面分为两期进行改造。

如今的安乐小学，欧陆风格的"知识城堡，智慧宫殿"，成为宝安中心区又一所现代化的菁菁校园。

关键词B

校园文化

渔村教育城市化、城市教育优质化、优质教育品牌化

从七八个人到两千师生，从茅草屋到砖瓦房，再到现代化的知识殿堂，"求变"所迸发出的开拓、拼搏和创新精神，形成安乐小学一以贯之的个性校园文化。

在尚处于渔村教育阶段时，安乐小学便高度重视家校共建工作。2003年，学校成立首届校级家长委员会，开创全区小学建立家委会的先河。在家委会助力下，该校修建了城区小学首个塑胶跑道运动场，并改造了灯光球场，教育迈向城市化。

2005年到2015年，该校提出"提升学生素质，提高教育质量"的发展目标，并先后探索"幸福教育""和谐教育"，建设"科技、人文、绿色环保"的环境文化，强化师资队伍建设，狠抓课堂教学改革，通过等级评估、优质化

第五章　学校美育文化生态建设成果与发展愿景

评估、办学水平评估，推动学校从城市教育向优质化教育的跃升。

2015年以来，安乐小学响应深圳快速发展对人才培养提出的全新挑战，以《国家中长期教育改革与发展规划纲要》精神为指引，确立"全面发展，个性阳光"的个性教育办学理念，全面推进"个性化环境、个性化教学、个性化课程、个性化活动"建设，阔步走上优质教育品牌化新征程。

个性育人环境浸润学子心田。该校升级改造旧教学楼，以国际化元素为外立面设计理念，欧陆风格的城堡式校门，赋予"知识的城堡，智慧的宫殿"的丰富内涵。2019年，由"两小儿辩日"微型雕塑景观为主体的"乐辩园"建成，并配设"濠梁之辩"等4则富有哲理的辩论故事，打造师生辩论的讲坛，激励学生以辩论为乐，培养独立思想与个性。

该校还强化书香校园建设，建设了一楼架空层开放式图书角、校园阅览室、个人著作书架、校园朗读亭等读书场所，并于每年10月开展读书月系列活动，让学生沐浴书香个性成长。不仅如此，学校还原创了彰显个性精神文化的校歌《七色童年我做主》，全校传唱。

"安乐小学变化太大了，美丽、现代、智慧的校园环境如春风化雨，起到潜移默化的育人作用；欧式城堡教学楼、心愿树与感恩树、乐辩园、开放式阅览空间等，亦充满浓浓的个性教育文化内涵。"本月12日，原宝安区人大常委会副主任欧瑞志莅临学校，对其个性文化建设给予高度赞扬。

关键词C

个性教学

聚焦专业能力打造博学善教的师资队伍

常言道：师予学生一碗水，须备一桶水。聚焦专业能力提升，探索个性化课堂教学，成为安乐小学打造博学善教师资队伍的一贯行动。

新课程改革，呼唤名师的引领。为打开教师的学术视野，安乐小学创设"名师大讲堂"，并常年坚持以国内、省内一流名师为主角，聘请他们以上课、讲座、报告等形式，传递最新的教育理念，展示炉火纯青的教学艺术。

教学有法，教无定法，贵在得法。2015年以来，安乐小学全面展开个性化课堂教学的探索。

"个性课堂的核心，就是要充分尊重学生主体性和独特性，以培养创新思维、培育阳光个性为目标，因材施教，让学生全面而有个性地健康成长。"校长赖香恒如是说。

2018年起，安乐小学引进"大师育名师"项目，由全国语文课程理论创立者倪文锦教授组成的专家团队，到校开展为期三年的校本研修，研修项目包括"焦点阅读""功能性习作教学""代表课"等。在专家引领下，安乐小学聚力打造高品质课堂，促进教师专业成长。

2020年8月，学校又聘请上海师范大学教育学博士后李冲锋作为项目导师，以"发挥教学特长、打磨代表课"为主题，拉开安乐教师上好一节代表课活动序幕。

该活动面向语数英、音体美、科学、信息技术、心理等学科全面铺开。一时间，安乐教师发挥自身优势，紧扣课程标准和学科素养认真研读教材，大胆创新各种教学手段和方法，力求形成自己独特的教学风格，在反复研磨试教中打造高品质个性课堂。

截至今年10月，全校教师共执教了156节代表课。百花竞放的个性教学，不断壮大了学校的名师队伍，形成学校内涵发展的不竭力量。2019年以来，该校共有45名教师被宝安区教育科学研究院认定为骨干教师，5人被认定为名师；2020年宝安区"名师工程"第五批评审中，赖香恒再次被评为名校长并成立名校长工作室。

关键词D

多彩课程

坚持以生为本发掘个性潜能擦亮全人教育

在安乐小学，有两门坚持了长达20年的特色校本课程——跆拳道和科技。因为起步早、发展快、成绩突出，早在2004年，该校便被评为全市小学阶段第一所"深圳市中小学科普实验基地"，并先后成为区、市、省级体育传统项目（跆拳道）学校。

为了普及跆拳道项目，该校编写了《跆拳道》校本教材，并创编了跆拳道操，在1—5年级进行普及性教学。

每学年都如期开展的科技节，则成为安乐学子的"狂欢节"。科技节形式多样，包括科技手抄报、小论文、小发明小创造评比，现场科幻绘画和知名专家科技讲座，等等。2018年，安乐小学"少年创新院"成立，科技创新教育开启新模式。学校在中高年段开设创新课程，让科技创新在第一课堂得到普及。同时，制订"少年创新院小院士评选方案"，激励更多有潜质的学生积极投入科技创新，进一步培养学生的创新实践能力。

在夯实跆拳道、科技等特色社团的基础上，安乐小学近年来大力建设学科类的个性化年级社团，例如"轻松作文、跟着书本去旅行、益智数学、外语交际角"等，参与方式实行"走班制"。此外，努力打造管乐、合唱、舞蹈、小主持人、绘画、书法、国际象棋、羽毛球、足球、篮球、田径等校级社团。如今，该校共建有47个学生社团，每个学生都根据自己的兴趣爱好选择项目，通过参加兴趣社团训练，发展自己的兴趣特长，促进综合素养提升。

第五章 学校美育文化生态建设成果与发展愿景

在安乐小学，还有一个践行个性教育彰显全面育人的大舞台——"七彩舞台"校本课程，以"面向人人，以美育人，个性阳光"为课程理念，以"班班唱戏，人人登台，个个出彩"为课程目标，以"七彩奖章"为评价机制，探索出家校协同建设美育校本课程的独特路径。

为此，学校专门成立七彩舞台班级家长工作组，并下设节目编导、舞台道具、舞美设计、灯光音响、服装服饰、配乐录音、摄影摄像、化妆、器乐等10个项目小组，并借力各种艺术场馆资源，实现课程开发家、校、社各方教育资源的高度整合，极大丰富了学校美育资源。

不仅如此，该校通过"七彩舞台"课程开展"七彩争章"活动，对小演员在"导、编、演、播"环节的表现，进行量化评价，获得7枚奖章即可获得"七彩舞台"银章，获齐"七类"奖章即可获得最高"人生舞台"金章。

据统计，"七彩舞台"6年来共计举办班班一台戏100多场，每场约1小时，每学年学生参加逾2000人次，家长参与逾10000人次，"自信阳光有个性"成为安乐学子的代名词。

关键词E

办学业绩

安乐学子自信阳光家长满意社会褒奖

安乐小学图书馆一隅，有一类特殊的收藏——学生习作集。受益于书香文化的长期浸染，安乐学子妙笔生花、佳作频出。为表示激励，凡独立撰写习作集的学生，通过组委会评审后，都将获得学校颁发的"学校图书馆收藏证书"。

迄今，该校图书馆已收藏学生习作集200余册。而这，其实不过是安乐学子文武兼修、自信阳光的一个美丽侧面。

安乐小学培养的优秀跆拳道队员，如今繁不胜数。据初步统计，2005年至今，该校跆拳道项目，共获省级以上团体奖杯30个、奖牌156块，其中亚洲级12块（3金2银7铜）、国家级45块（16金13银16铜）、省级77块（23金23银31铜）。

安乐小创客，同样在区、市、省以及国家级竞赛中摘金夺银，奖项已逾400个。今年6月，李志睿、陈冠颖、陈佑强、何若洞、余想、吴星宇、景煜森和陈浩龙共8名同学，被评选为首批"安乐小学少年创新小院士"。2018年1月至今年9月，则有刘婧妍、徐好、刘盛文、林美君、刘泽方、王岩、谢怡玲、黄博炫、盛博文9位同学的科技创新作品，获得中国国家知识产权局颁发的专利证书。

在各级学科类竞赛中，安乐师生亦收获颇丰，先后取得区级以上奖项396

人次，其中国家级16人次、省市级189人次。2019年，四年级学生参与教育部组织的国家义务教育质量监测，其"绘画创作与表达能力"高居宝安区第一名，平均分高于全省80分、区70分；科学学科教学水平质量调研成绩，连续两年位居全区小学前三。

学校在成就师生梦想的同时，也成就了自身。七秩芳华，初心致远，安乐小学从渔村小学起步，先后完成向区一级学校、区优质化学校、深圳市一级学校、广东省义务教育标准化学校的跃升，其间还以深圳市总分第一名的成绩获评广东省依法治校示范校，并挂牌成为全国国际象棋特色学校，擦亮个性教育特色学校名片。

刘正金

载《宝安日报》2021年11月22日

第三节 学校美育文化生态建设的课程推广

随着课程育人模式的优化，学校加大了课程应用推广力度，先后在湖南、安徽、广西、贵州等省内外十多所学校推广应用，实验学校在当地取得了省市级文体类大奖，如湖南湘潭市人民学校获啦啦操比赛获全国一等奖、合唱比赛获市一等奖、学校被评为全国足球示范校、湘潭市家长示范校；英德市六小舞蹈《小小传承人》获广东省一等奖、《小马奔腾》获清远市金奖。

一、宝安区宝城小学

"七彩舞台"课程在宝城小学试行3年多，实践效果和反响很好。

首先，学生的综合素养得到极大的提升。在这个人人都能登上的舞台，人人都能展示个性风采，不落下一个学生。"台上一分钟，台下十年功"，学生在展示的过程中，不仅仅学会了知识，培养了能力，更培养了语言、审美和创新等综合素养。其次，丰富了学生的学习形态。它将静态的、封闭的教学形态变成了动态的、生动的教学形态，学生学习经验和个性品质的塑造变得更加丰富、优秀。最后，促进了学校和教师的专业发展。平台活动让师生们快速成长的同时，也推动了学校的快速发展，宝城小学成为区乃至市的名校，学校在活动教育方面更是辐射引领着周边的学校,学生综合素养得到极大提升。

学校的管乐团在深圳市第二十一届校际管乐节比赛中获小学组金奖,并获得深圳小学组"示范团队"称号。学校京剧队更是声名远播,近三年拿国家级奖项68项,连续几年受邀参加中央电视台戏曲春晚、广东省校园春晚的演出,受到国家领导人的亲切接见。

二、福新小学

中年段《丰盈七彩智慧》主要通过教师、家长的协助,以探索感悟为主,侧重增强学生"七彩舞台"的组织、表演等基本技能,定位为"七彩舞台我试试"。

福新小学经过3年多的实践,取得了喜人的效果,实现了三大突破。①课程建设的突破。"七彩舞台"活动是小学生展现自我、张扬个性、培养能力、发展智力的绝佳途径。以"七彩舞台"活动为平台,探索和建设校本课程,是对学校的整个课程建设有着极其重要的突破。②学生身心发展的突破。"七彩舞台"活动以学生的兴趣爱好、个性特长和自身需要为基础,是融知识性、趣味性为一体的社会实践活动。"七彩舞台"迎合学生的天真活泼的身心发展特点,在教育活动中充分发展学生的主体性、给学生充分的自由学习空间,让学生的兴趣、爱好和特长得到充分的发展。③传承校园文化,丰富学校内涵。"七彩舞台"在丰富着学校课程建设的同时,也丰富和发展着学校的校园文化和内涵建设。

三、兴围小学

高年段《放飞七彩梦想》通过发挥学生的自主性和创造性,以自我展现为主,在自编自导自演的实践中,全面提升学生的"七彩舞台"综合素养,定位为"七彩舞台我做主"。

兴围小学实践这门课程3年多,实践效果显著。步入高年段,学习项目课程"七彩舞台"系列课程之三《放飞七彩梦想》。

(1)形成了活动课程的评价模式。"七彩舞台"试行期间,我们创新了以往课程对学生的单一评价,多元评价学生在课程中的表现,学生学习的自信和兴趣都变得愈加浓厚。

(2)获得了家长的高度认同,和睦亲子关系。"七彩舞台"活动得到了家长们的认可,他们纷纷反映自从学校有了这个活动平台,孩子们的变化很大,他们更愿意主动学习，在和家长一起参与的过程中，亲子双方在互动中学会展示自我，成长得更快。

（3）塑造了良好的社会形象，得到了社会的赞扬。"七彩舞台"在实施两年后，得到了社会的关注。很多不是本学区的学生家长慕名而来，咨询学位情况，这扩大了学校的影响力，增加了学校的知名度。

附录：作者已发表的学校美育课题研究成果

培养个性化创新人才的路径探索
——以安乐小学"七彩舞台"综合实践活动课程为例

【摘要】 综合实践活动课程是从学生的日常生活经验出发，发展学生综合应用知识，解决社会实际问题的课程形态，强调在亲身参与中获得认知体验和实践经验，从而发展良好的社会适应能力、个性品质等。深圳市宝安区安乐小学开发实施了个性化创新人才的"七彩舞台"综合实践活动课程：以培育学生良好个性为指向，以多方协同育人为路径，以多元性评价为保障，实现学生综合素养的全面提升及个性特长的充分发展。

【关键词】 个性化育人；综合实践活动；七彩舞台

长期以来，我国基础教育存在着"重共性轻个性"的教育价值取向，直接影响着学生自我个性的培育，以及社会创造型人才的培养。[1]随着素质教育的推进以及社会对人才需求的新定位，以基础教育培养学生综合素质、发展学生良好个性的重要意义得以凸显。深圳市安乐小学结合学校个性化办学特色，创设了"全面发展，个性成长"的育人模式，并在实践与探索中形成了具有校本特色的"七彩舞台"综合实践活动课程。该课程以"班级一台戏"为组织形式，把握美育的育人功能及其在德智体美劳"五育并举"建设中的枢纽作用，以培育良好个性为指向，以多方协同育人为路径，以多元质性评价为保障，实现了学生综合素养的全面提升及个性特长的充分发展。

一、以培育良好个性为指向

综合实践活动课程的总目标之一是培养学生合作、进取等个性品质以及学习、创新等综合能力。[2]围绕此目标，安乐小学在"七彩舞台"综合实践活动课程建设中，确立了"培养全面发展、个性品质优良的新时代阳光少年"的课程目标。该课程目标包含3个维度：一是知识目标，即通过学习"七彩舞台"特色课程内容，学生从中了解"七彩舞台"的知识体系及动作形式，储备一定的学科知识，为个性化发展奠定知识基础。二是技能目标，即通过参与"七彩舞台"特色活动，让学生学习并掌握基本的表演技能、节目创编方法等，并能初步将所学技能应用至实际生活中，尝试展现自我的个性化特征。三是情感目标，即通过参与"七彩舞台"的学习过程及实践活动，发展学生乐于分享、团结合作的情感意识，培养学生积极向上、努力创新的精神品质和人格魅力。

同时，围绕"七彩舞台"的策划编导、活动组织和艺术表现3条主线，安乐小学确立了低、中、高3个学段的活动目标及活动主题，引导学生在感知美与创造美的同时，发展良好的个性特长。

其中，低年段"走进七彩时空"活动主题旨在强化学生的认知体系建设，在引导学生认识"七彩舞台"基本形式和内容的同时，帮助学生树立正确的价值观念和首先风尚。例如，学校组织低年段学生以班级为单位编排并表演了诗朗诵《我骄傲，我是中国人》、相声《文明礼仪从我做起》、歌曲《七子之歌——澳门》等富有社会主义核心价值观精神内涵的节目。学生不仅通过编排和参演节目了解了"七彩舞台"的组织形式，还加深了对社会主义核心价值观的理解。

中年段"培育七彩品质"主题活动旨在以探索性学习节目的编排、舞台的整体组织实施为目标，培养学生积极向上、奋勇拼搏、勇于创新的精神品质和人格魅力。学校鼓励中年段学生将"七彩舞台"变成自己的舞台，以班级为单位组织实施"给我一个舞台，还你一份精彩"等主题活动。在此过程中，学生既展示了自我特长，树立了良好信心，又发展了创新精神、实践能力以及积极乐观、阳光向上的优秀品质。

高年段"筑牢七彩理想"主题活动旨在培养学生良好的审美情趣和审美能力，发展学生高尚的道德情感及爱国情操。例如，学校鼓励高年段学生围绕"班级一台戏"策划编导武术《太极》、民乐古筝《荷塘月色》、京剧《穆桂英挂帅——捧印》等节目，使得学生在丰富艺术实践经验、培育多方面艺术才能的同时,塑造了良好的社会责任意识及家国情怀。

二、以多方协同育人为路径

综合实践活动课程的另一个目标是培养学生良好的生活经验及实践能力,以适应社会的发展需求。它与学生及其周边群体的日常生活紧密相连,同时强调与其他学科的协同发展,具有显著的综合性。鉴于"七彩舞台"特色课程既是综合性实践活动,也是多学科整合的舞台艺术,安乐小学通过强化学科协同、家校协同及师生协同来提升"七彩舞台"特色课程的综合价值。

其一,实现多学科协同应用,凸显个性发展要旨。安乐小学主张打破传统单一的学科界限,引导学生综合运用多学科知识推进"七彩舞台"综合实践活动的开展。例如,在学生编排武术类节目《太极》时,为有效激发学生的民族自豪感,学校不仅引导学生通过肢体动作展现太极的神韵,还鼓励学生搜集太极的起源、发展、价值等资料,并以朗诵、音乐剧等表现形式对此进行具体阐释。又如,在学生编排策划民乐类节目《荷塘月色》时,学校鼓励学生利用信息技术手段及美术学科知识,创设意境唯美的舞台环境,极大激发了学生的参与热情及创作意愿。可见,"七彩舞台"实现了历史、语文、美术、音乐、信息技术等多个学科的协同发展,满足了学生对多个学科知识点的个性化学习需求,有助于发展学生不同学科的核心素养及思维特征。

其二,开辟家校合作新路径,丰富课程资源。个性化创新人才的培养是一个长期性的综合化项目,有赖于家庭及社区力量的广泛参与。[3]安乐小学积极引导家长参与"七彩舞台"系列活动,与学生家庭构建良好的合作育人关系。一方面,邀请家长以讲授者的身份主导课程培训。家长队伍中不乏"高人",有音乐特长的家长可以教授学生合唱技巧;有广场舞经验的家长可以培养学生良好的舞姿;有信息技术操作技能家长可以引导学生制作舞台背景。另一方面,邀请家长以学习者的角色专研育儿经验。安乐小学注重以"七彩舞台"系列活动的开展为契机,向家长普及育儿观念及技巧,同时带领家长全面深入了解"七彩舞台"的目标、内容及组织形式等,引导家长关注学生的个性品质、情感态度等方面的发展,与教师建立和谐的教育教学改革联盟。

其三,明晰师生协同关系,激发课程活力。素质教育的发展强调学生在课堂中的主体地位以及教师的主导作用,从而有效提升课堂教学实效。以个性化育人为宗旨,安乐小学以学生为"七彩舞台"系列活动的主体,教师发挥辅助及引导作用。针对低、中、高不同年段学生的认知水平和接受能力,学校确立了不同形态的师生协同关系。其中,低年段的活动主要由教师组织与策划,学生只参与活动的实施环节，教师是主导者，而学生是学习者；中、高年段的活动则全程由学生自主组织、策划与实施，在这一过程中，教师由主导者的角色转变为协助者，学生则由学习者转变为主导者，师生之间密切配合，协调推进活动的开展。如此，营造了良好的个性化育人氛围，激发了课程活力，有效培养了学生的个性特长及综合素养。

三、以多元性评价为保障

综合实践活动课程具有主体性、综合性以及过程性等特征，相较于其他课程，其评价理念及评价方式更具实践性与针对性。[4]安乐小学在"七彩舞台"综合实践活动课程的实施过程中，积极创新评价机制，将评价重点由活动实践成果转向学生的实践能力、情感态度等，从评价主体、评价性质及评价方法上进行了卓有成效的探索。

其一，就评价主体而言，由教师和学生共同推动"校本评价"。安乐小学"七彩舞台"综合实践活动课程的评价主要是在学校内进行，由教师与学生共同参与。除了教师会对每位学生的实践过程、表现及成果进行评价外，学生也会主动开展自评与互动。此外，安乐小学关注学生在评价中的表达，倾听学生参与实践活动的感受与心得，从而有针对性地调整教师的教学方法及评价方式，构建起更加系统全面的评价机制。

其二，就评价性质而言，强调评价的形成性与过程性。安乐小学"七彩舞台"综合实践活动课程的评价性质具有显著的形成性特征，注重对学生在实践过程中表现出来的探究能力、创新意识、合作能力及情感态度等方面的综合评价。此外，学校鼓励教师在展开评价时，积极为学生提供与实践活动相关的咨询服务，指导学生养成良好的个性品质与行为习惯。

其三，就评价方法而言，积极推行质性评价。质性评价是指对被评价对象的价值或特点作出判断，是一种动态的、连续发展的评价模式。安乐小学有力践行个性化育人的课程理念，关注学生在实践过程中的突出特长或表现，肯定学生的个性化发展价值，对学生的个性化或创新性表现进行适当评定、鉴赏及奖励。对此，安乐小学设置了"七彩学生"评价标准，通过学生自评、互评以及教师、家长评价，全面衡量学生在实践过程中的个性化发展，突出课程的个性培养目标。

综上所述，综合实践活动课程是一门与学生实际生活联系紧密的课程，课程的开展与实施能够有效培养学生直接的生活经验、知识技能和情感态度，发展一批素质过硬的个性化创新人才。安乐小学的"七彩舞台"综合实践活课程培养学生良好的个性,整合多方育人力量,实施多元评价,实现了3个维度的课程目标,践行了"全面发展、个性成长"的育人理念。

【参考文献】

[1] 丁亚军,秦海芬. 创新人才个性化培养的探索与实践 [J]. 浙江万里学院学报,2019,32(6):103-107.

[2] 张勇. 以综合实践活动为载体有效培育实践创新核心素养 [J]. 名师在线,2020(32):38-39.

[3] 陈亚君. 探讨家校合作视角的小学生德育教育问题 [J]. 课程教育研究,2020(17):62-63.

[4] 聂振国. 小学综合实践活动课程教学评价研究 [J]. 求学,2020(39):7-8.

[本文系广东省教育科学研究课题"培养个性化创新人才的小学综合实践活动校本课程实践研究——以深圳市宝安区安乐小学'七彩舞台'校本课程为例"(项目编号:2020YQJK139)研究成果。载《中小学班主任》2021年第10期]

以美育人,培养个性化创新人才

——以安乐小学"七彩舞台"特色课程建设为例

摘要:"五育"中的美育具有融通德智体劳"四育"的枢纽作用。深圳市宝安区安乐小学以美育为枢纽建设"七彩舞台"特色课程,通过构建特色课程内容体系、构建立体化协同育人机制、构建发展性课程评价标准等策略,实现以美育美、以美润德、以美激智、以美健体、以美益劳的教学目标,推动学生德智体美劳的融通发展,培养个性化创新发展的新时代人才。

关键词:以美育人;"七彩舞台"特色课程;个性化人才;五育融合

"兴于诗,立于礼,成于乐",自古以来,美育在个体成长及社会发展中都发挥着重要作用。自我国进入新时代以来,习近平总书记高度重视美育工作建设,作出了"做好美育工作,要坚持立德树人,扎根时代生活,遵循美育特点,弘扬中华美育精神,让祖国青年一代身心都健康成长"的重要指示。[1]

美育作为素质教育发展中的重要枢纽，应与德智体劳"四育"融合发展，形成一个有机的育人体系，培养德智体美劳全面发展的个性化创新人才。

深圳市宝安区安乐小学（以下简称"我校"）紧密跟随深圳市"呼唤教育创新，培养个性化人才"的教育发展步伐，从顶层设计着手，构建具有校本特色的"七彩舞台"特色课程。该课程把握美育在德智体美劳"五育"中的枢纽作用，带动德智体劳"四育"的融合与发展，形成学校"五育并举"的发展格局，最终实现促进学生综合素养全面提升、个性特长充分发展的育人目标。

一、构建"七彩舞台"特色课程内容体系，彰显美育枢纽价值

蔡元培认为，"五育"中的美育有两方面的作用：一是形态自由，更容易与其他教育融合，对人具有改造作用；二是能激发人的创造欲、启蒙心智、完善人格、净化心灵，促进个性成长，具有沟通感性与理性、激发知性与想象、使整体达到和谐状态的作用。[2]教育是一个大系统，涵盖了德智体美劳"五育"，这些要素之间只有相互联系、相互作用，才能更好地发挥整体育人功能。美育与德智体劳"四育"既各有特定的功能，又相互联系、相互依存、相辅相成。[3]学校以美育为枢纽构建特色课程内容体系，不能将美育简单化和形式化，而要从"五育融合"的视野出发，将美育与其他"四育"相互融合、相互渗透，使其相辅相成，促进学生的全面发展。

（一）以美育美，养性怡情

无论是蔡元培提出的"美育代宗教说"，还是王国维构想的以美育培养"完全之人物"的教育宗旨，又或是席勒的以美育"促进人身心和谐发展"的主张，美育的功能指向都超越了世俗的功利性和非纯粹的目的。[4]美育的这种自由的、进步的、普及的、超功利性的功能是循序渐进的、潜移默化的，并能够在教育对象认识美、感受美、欣赏美、创造美的审美实践中被激发出来，进而达到现实与理想、知识与情感的调和，推动教育对象的个性养成。学校想要借助美育解决教育现实问题，就要抛开功利与非纯粹的目的，回归美育培养学生认识美、感受美、欣赏美、创造美的能力本身，实现"以美育美"的终极目标。

我校"七彩舞台"课程建设以提高学生认识美、感受美、欣赏美、创造美的能力为培养基本目标，围绕"七彩舞台"的"艺术表现""活动组织""策划编导"3条活动主线，将课程内容划分为低、中、高3个年段主题，确

保全体学生都能获得展示个性特长的机会。低年段的"点燃七彩激情课程"以"七彩舞台我喜欢"为主题,激发学生兴趣为学习目标,引导学生感性认识"七彩舞台"的艺术表现形式和内容;中年段的"丰盈七彩智慧课程"以"七彩舞台我试试"为主题,探索性学习舞台活动的组织实施方法为学习目标,引导学生明确"七彩舞台"的活动组织方式;高年段的"放飞七彩梦想课程"以"七彩舞台我做主"为主题,自主策划、自由创编为学习目标,培养学生的艺术活动策划编导能力。

"七彩舞台"课程内容注重学生审美能力、审美情趣和创新意识的培养,突显了"以美育人"的课程价值追求。3个年级段的课程内容层层递进、螺旋上升,遵循学生的天赋和个性,迎合学生的发展需求,引导学生在主动参与、自主探索与合作探究中深刻体验感知美、表现美、创造美的意义和情趣。这一过程推动了学生的个性发展,增强了学生的自信。

(二) 以美润德,扬善求是

德育偏重理性,倡导人在追求善的过程中以一系列的道德规范约束自己。美育通过音乐、舞蹈、文学等多种艺术形式陶冶人的情感、重建人的信仰、塑造人的精神。美善相连,美育本身就具有陶冶道德的作用。正确的审美观、高尚的审美情趣以及美丑的辨别力、创造美的能力,本身就是善的表现。以美润德,是理性与感性的相互作用,对学生的道德养成具有促进作用。

我校发挥"七彩舞台"特色课程的美育枢纽作用,在"七彩舞台"课程内容体系的构建过程中,融合学校德育品牌建设"好习惯、好个性、好品德"的基本要求,低、中、高年段分别以"德育启蒙——走进七彩时空""德育发展——培育七彩品质""德育升华——筑牢七彩理想"为主题设计课程内容,积极搭建德育与美育之间融合发展的桥梁,引导学生在认识、参与、组织、策划"七彩舞台"的过程中养成良好的个性品德,树立良好的道德风尚,培养积极向上、勇于创新的精神品质和人格魅力。例如,在"赞美祖国"课程活动中,教师将社会主义核心价值观引入课程内容,组织学生以不同的艺术表现形式表达对祖国的热爱,编排了诗朗诵《我骄傲,我是中国人》《社会主义核心价值观托起中国梦》、相声《 文明礼仪从我做起》、歌曲《七子之歌——澳门》《国旗国旗真美丽》等体现社会主义核心价值观内涵的节目。学生通过编排和参演节目,加深了对社会主义核心价值观内涵的认知与理解。

(三) 以美激智,启智求真

智育培养的是学生认识和把握客观世界规律性的求真能力。当前的学校教育主要以智育的形式开展,刻板而枯燥,而美育以艺术为主要表现形式,形象而丰富。美育融合智育，消除二者学科边界，形成学科融合，可以赋予枯燥的知识更多生机，使学生在愉悦精神的同时，高效掌握自然科学和社会科学知识。

我校"七彩舞台"课程内容在"全学科整合育人"理念的引导下，几乎涵盖了小学所有的学科。师生通过"语文课本剧""数学故事情景剧""英语世界舞台剧"等节目的编排与表演，将语文、数学、英语、音乐、美术、历史、信息技术等多个学科搬上了艺术的舞台，让学生在审美活动中丰富了知识、扩大了视野，同时在发展智力的过程中愈加深刻地感受和理解美。

（四）以美健体，体健阳光

体育是健与美的结合，体育运动可以使人身体健美，体育竞赛可以使人形成顽强拼搏、团结互助等高尚的精神品质。教师在体育运动或体育竞赛中引导学生感受美、欣赏美，能够激发学生对体育的兴趣；在艺术活动中融入体育运动和体育竞赛，则能不断创造体育的美、孕育高尚的社会风尚美。

我校将体育与美育融合起来，通过"七彩舞台"课程将体育活动搬上舞台，通过充分挖掘校内外体育资源，创造性地挑战空间局限，创编了多个体育舞蹈节目，让学生在融体操、武术、舞蹈及音乐于一体的新型舞台上强健身体、愉悦心灵。

（五）以美益劳，勤劳创造

马克思说，人是按照美的规律来改造世界的。[5]劳动是人类改造世界的基本方式，饱满的情绪、灵活的思维和丰富的想象力是劳动创造中不可或缺的重要因素，良好的审美活动可以使人充分调动思维和想象，以情绪饱满、积极向上的状态参与劳动创造。因此，学校要培养自觉依靠劳动创造建设新时代中国特色社会主义的接班人，就需要适应时代的发展要求，开创美育与劳动教育融合发展的多元育人途径，培养学生的个性化劳动创造意识和能力。

我校重视美育与劳动教育的融合，将"七彩舞台"搬到了班级、家庭、社区之中，让学生通过劳动创建"七彩班级""七彩家庭""七彩社区"。我校以"我爱我班"为主题开展"七彩班级"创建活动，要求学生人人参与，用双手打造特色班级文化环境；以"美丽的家"为主题开展"七彩家庭"创建活动，鼓励学生参与家庭劳动，与家长一起创设整洁、美丽、和谐的家庭环境；以"美好的社区"为主题开展"七彩社区"创建活动，带领学生走进社区，开展垃圾分类、清除"牛皮癣"等绿化美化社区活动。这一系列与美育融合的劳动教育活动培养了学生的审美能力与劳动意识。

附录：作者已发表的学校美育课题研究成果

二、构建"七彩舞台"特色课程保障体系，推进"五育融合"

（一）构建立体化协同育人机制

教育是一个潜移默化、润物无声的过程，家庭、学校、社区都应给予学生良好的环境，形成致力于以美育带动"五育融合"的协同育人机制，整合家庭、学校和社区资源，形成共育文化氛围，提升教育效果。

我校在开发与实施"七彩舞台"特色课程的过程中，充分整合和利用家庭、学校及社区课程资源，实现家、校、社多方合作，引导家长、教师、社区人员重视美育价值，最大限度地发挥美育枢纽作用。

其一，建立课堂新型师生关系。结合低、中、高年段学生的认知水平和接受能力，我校确立了课堂新型师生协同关系。其中，低年段的"七彩舞台"活动主要由教师策划及组织实施，教师是课堂的主导者，而学生是学习者。中、高年段的"七彩舞台"活动主要由教师发起，学生自主组织、策划与实施。在这一过程中，教师由主导者的角色转变为协助者，学生则由学习者的角色转变为主导者。师生之间密切配合，形成了强大的教育合力，营造了良好的个性化育人氛围，推动了课程活动的顺利开展。

其二，开辟家校社合作新路径。一方面，我校鼓励学生家长参与班级"七彩舞台"课程培训，如有音乐特长的家长可以教授学生合唱技巧、有信息技术操作技能的家长可以协助学生制作舞台视听背景。另一方面，我校以开展"七彩家庭""七彩社区"创建活动为契机，邀请社区专业人士以导师的角色带领家长钻研育儿经验，引导家长关注学生在个性品质、情感态度等方面的发展，与教师建立和谐的教育联盟，形成家、校、社共育合力。

（二）构建发展性课程评价标准

助力学生养成独特个性是学校以美育带动德智体劳"四育"发展追求的最终目标。为此，我校在实施课程评价时也应注重对学生的个性品德、谈吐举止、审美素质和创造力等情况进行发展性评估，做到"五育"融会贯通。

我校积极创新"七彩舞台"课程评价机制，以"七彩舞台"的"质"与"量"为主要评价要素，采取量化考核、综合评测、成果展示相结合的评价方式，综合评价学生的全面发展与个性成长，建立了开放多元的发展性课程评价标准。

其一，我校以"舞台的量"为基本评价要素，对学生在活动中的"投入量"进行跟踪性评价,具体考核学生参与"七彩舞台"课程活动的时间量以及对知识和技能的掌握量。同时,教师要把握量化考核的标准及运作模式,通过对学生在活动中所展现的成果量等内容进行综合性衡量,最终形成具备发展指向性的评价结果。

其二,我校以"舞台的质"为综合测评要素,不仅考核学生的知识与技能,而且考核学生在活动过程中所体现的探究精神、创新意识、合作能力及情感态度等,并鼓励教师在开展课程评价的同时为学生提供咨询服务,进一步深化发展性评价的价值内涵。

其三,我校推动个性化考核,关注学生在课程活动中的突出特长或表现,肯定学生的个性化发展价值,对学生的个性化或创新性表现进行适当评定及奖励。对此,我校搭建了"七彩舞台"特色成果展示平台,定期展示学生的个性化创新成果,并邀请教师及家长给学生成果提出具有发展性意义的建议。

"七彩舞台"特色课程充分利用美育作为学校内涵式育人的重要枢纽,在促进学生"五育并举"及个性成长方面发挥着重要作用。美育是不断发展的,美育与其他"四育"的融合也是一个不断深入的过程。这意味着安乐小学的"七彩舞台"课程建设还有着扩展与延伸的空间。在学校课程实践过程中,我们仍将沿着"以美育人"之路径,为培养全面发展的个性化创新人才而不懈努力。

参考文献:

[1] 习近平. 做好美育工作弘扬中华美育精神 [EB/OL]. (2018-08-30) [2020-12-15]. http://www.xinhuanet.com/politics/leaders/2018-08/30/c1123355775.htm.

[2] 李圣传. 情感启蒙与"诗教"功能的审美重建——蔡元培"以美育代宗教说"再诠 [J]. 社会科学战线, 2020 (6): 176-184.

[3] 宁本涛, 杨柳. 美育建设的价值逻辑与实践路径——从"五育融合"谈起 [J]. 河北师范大学学报(教育科版), 2020, 22 (5): 26-33.

[4] 昌逸文. "完整人性"与"生命自由"——席勒、蔡元培美育思想的比较 [J]. 长春教育学院学报, 2020, 36 (2): 47-54.

[5] 张秀华. 马克思"人也按照美的规律来建造"——"生态文明"的生存论根基 [J]. 理论探讨, 2009 (4): 63-66.

(载《教育观察》2021年2月第10卷第7期)

附录：作者已发表的学校美育课题研究成果

搭建个性研修平台，探索特色办学路径

广东省深圳市"宝安区赖香恒名校长工作室"（以下简称"工作室"）成立于 2019 年 12 月。笔者结合办学实践，提出了"搭建个性研修平台，探索特色办学路径"的理念，以"项目研修—实践探索—反思感悟—成果展示"为研修模式，打造学习型、研究型、创新型研修共同体，把工作室建设成为科研攻关地、项目研究所、个性试验场，并探索"办学顶层设计、特色课程开发、教育科研推动"的学校特色建设策略，促进工作室成员的专业化成长。

引领特色办学的方向

作为校长，需要对教育有一份执着和坚守。笔者结合自己的办学经历，向学员讲述学校顶层设计的教育故事，展现校长应有的教育情怀，展示学校的办学品位。研修主题聚焦特色办学策略，让学员掌握学校内涵发展的一般规律，凝聚办学共识。

一是个性理念主题化。以个性教育办学理念为主题的办学策略，贯穿于校园环境、课程、制度、文化等建设之中。以个性教育理念统领学校各项工作，将工作目标聚焦于个性教育思想，凸显个性教育办学特色。

二是个性文化体系化。学校文化建设聚焦个性教育，形成体系，让学校特色更加鲜明。个性环境文化方面，打造个性教育主题文化墙、经典故事雕塑群、开放书吧、智慧城堡；个性课程文化方面，构建面向人人的个性化美育课程"七彩舞台"；个性制度文化方面，制定学生著作馆藏制度、能上能下的职称评聘制度。

三是理念诠释故事化。校庆展示活动以讲故事、演情景剧等大家喜闻乐见的艺术形式，把晦涩的办学理念生动活泼地演绎出来，让老百姓都能看懂"教育真谛"。

走特色办学的路径

项目研修是工作室研修主阵地，笔者制定了专家项目、主持人项目、课题项目 3 种模型，重视让学员在研究的状态中学习，掌握特色办学的基本路径，推动学校内涵发展。

一是专家项目，引领发展有高度。工作室成立以"教学能力专业化成长"为主题的项目研修所，开展系列研修活动。邀请中国语文课程理论专家倪文锦等多名国内知名专家前来指导成员研修工作，助力工作室成员专业化成长。研修内容涵盖阅读、功能性写作、教学设计等主题，开阔了工作室成员的教学视野，提升了他们的教学境界。

二是主持项目，潜心笃学有成长。笔者现身说法，结合十多年来担任多所学校校长的办学经历，把开展个性教育实践研究的成功经验梳理成三大研修主题：顶层设计、教育教学管理、特色办学；组织多场治校经验专题讲座，分享案例、诊断分析，追求理论深度与实践操作性相结合。

三是课题项目，聚焦个性有成果。特色办学必须由科研来攻关。课题研究体系化，是丰富学校办学特色的重要方法，也是坚定校长办学主张的主要抓手。笔者开展课题项目研修活动，介绍近十年来每个立项课题的特点，课题项目始终聚焦个性教育办学主张"个性化环境、个性化校本课程、个性化教学和个性化班级文化"，坚持课题规划主题化、体系化，形成建设个性教育学校特色的科研驱动模式。

工作室开展专题讲座"如何撰写教育科研课题立项申报书"，指导工作室成员如何着眼教育教学实践；鼓励成员在自己的教育教学实践中，发现问题、探索研究，以课题研究促进教学水平的提高，让专业成长积累有厚度。

创新特色办学的策略

巧借校名创编童话，让学校发展有灵魂。创编童话故事—演绎学校精神—凝聚奋进力量—推动学校发展，是工作室又一成功办学经验。用学生喜闻乐见的讲故事方式激励学生爱学校、爱读书、讲礼貌，原创故事给学生留下深刻的童年印记。

2022年秋季开学典礼，笔者作为新校长，创编讲述了童话故事"珍珠贝贝历险记"——珍珠贝贝不满足安逸生活，心怀梦想，几经磨砺，勇往直前，从小池塘艰难游向大海，最终实现"照亮南海，美丽湾区"梦想。故事在师生、家长、学员之间引发了强烈反响，激发起径贝人奋楫争先的磅礴力量。

总结特色办学的经验

笔者认为，个性教育旨在培养"个性阳光，全面发展的新时代湾区好少年"，近年来取得了一定的成果。2019年，笔者带动工作室成员参与美育特色课程成果转化，把个性教育特色校本课程打磨成"教育教学科研优秀成果"，并于2021年12月获深圳市第四届教育教学科研优秀成果奖（教学实践类）二等奖。该课程倡导"以美育人，美育立校"学校美育工作理念，把"七彩舞台"课程作为提高审美创美能力、张扬学生个性的重要载体。经过多年的探索实践，形成了"面向人人，以美育人，个性阳光"课程理念，课程包括"引领舞台，搭建舞台，展示舞台"3大板块，构建"一体两翼六引擎"美育课程育人模型，班班都唱戏，人人都登台，让每一个学生都出彩，促进学生全面发展。

持之以恒，香远益清。近年来，工作室致力研究个性教育，打造特色品牌，让个性课程育人模式走向全国，声名远扬。科研成果先后在省内外十多所学校推广应用。"七彩舞台"美育课程教科研成果广受赞誉。西南大学副校长、课程专家宋乃庆曾评价说："'七彩舞台'美育课程为落实新时代学校美育工作提供了案例，值得学习推广。"广东省关工委主任方苞在视察时评价说："每班一台戏让每个孩子得到全面发展。"广东省教育研究院评估室副主任许世红博士高度评价："'七彩舞台'是实现教育公平的好举措，安乐的孩子很幸福。"时任深圳市教育局副局长范坤评价说："个性教育办学实践为新课改走出了独特路径，特别是每班一台戏为全体学生个性成长搭建了宽广的舞台。"

特色办学也取得了家长的支持，这是一个人人获得机会的舞台，一个永不落幕的舞台，一个合作创新的舞台，一个永远没有审美疲劳的舞台。学生是最耀眼的主角，家长是最忠实的观众。

（载《教育家》2023年第20期）

后 记

"七彩舞台"特色课程充分利用美育作为学校内涵式育人的重要枢纽,在促进学生"五育并举"及个性成长方面发挥着重要作用,构建出相对完整的学校美育文化生态。经过近二十年的实践,虽然取得了令人满意的成果,但在实践过程中,还存留着一些问题需要在今后的实践中不断努力改进。一是"五育"融合的意识需进一步强化,以美育人的理念要更充分体现在立德树人总体任务的框架之中;二是成果体系化、特色化建设需进一步优化,可以将近几年实施过程中的优秀案例充实到指导手册,使校本课程的体系更完善、特色更鲜明;三是课程应用和推广的力度需进一步加强,要加大力度推广"七彩舞台"课程开发、建设的经验方法,进一步增强课程辐射影响力,让更多学校的学生受益。

美育是不断发展的,美育与其他"四育"的融合也是一个不断深入的过程,这意味着安乐小学的"七彩舞台"课程建设还有着无限的扩展与延伸空间。在学校课程实践过程中,我们仍将沿着"以美育人"之路径,建设更趋良好的学校美育文化生态,为培养全面发展的个性化创新人才而不懈努力。